AF210465

DAS NEUE

Low Carb

KOCHBUCH

Michael Parzinger

Inhaltsverzeichnis

Impressum:

Bibliografische Information der Deutschen
Nationalbibliothek: Die Deutsche Nationalbibliothek
verzeichnet diese Publikation in der Deutschen
Nationalbibliografie; detaillierte bibliografische Daten
sind im Internet über dnb.dnb.de abrufbar.

Die automatisierte Analyse des Werkes, um daraus
Informationen insbesondere über Muster, Trends und
Korrelationen gemäß §44b UrhG („Text und Data Mining")
zu gewinnen, ist untersagt.

2024 Michael Parzinger
Herstellung und Verlag: BoD – Books on Demand, Norderstedt

ISBN: 9783759749116

Was ist Low Carb?

Low Carb ist eine Ernährungsweise, die sich durch einen reduzierten Konsum von Kohlenhydraten auszeichnet. Der Begriff "Low Carb" bedeutet wörtlich "wenig Kohlenhydrate". Bei dieser Ernährungsform werden Lebensmittel vermieden oder in geringerem Maße konsumiert, die reich an einfachen und raffinierten Kohlenhydraten sind, wie zum Beispiel Zucker, Weißmehlprodukte und stärkehaltige Lebensmittel wie Kartoffeln und Reis.

Stattdessen konzentriert sich die Low Carb-Ernährung auf den Verzehr von protein- und fettreichen Lebensmitteln sowie auf nicht stärkehaltiges Gemüse, Obst in Maßen und gesunde Fette. Das Ziel ist es, den Blutzuckerspiegel stabil zu halten, die Insulinsensitivität zu verbessern, den Stoffwechsel anzukurbeln und den Körper in einen Zustand der Ketose zu versetzen, in dem er Fett als primäre Energiequelle verwendet. Low Carb-Diäten können in verschiedenen Formen auftreten, darunter die ketogene Diät, die sich durch einen sehr niedrigen Kohlenhydratgehalt auszeichnet und darauf abzielt, den Körper in einen Zustand der Ketose zu versetzen, sowie moderate Low Carb-Diäten, die eine moderat reduzierte Kohlenhydrataufnahme erlauben.

Typische Lebensmittel, die in einer Low Carb-Diät erlaubt sind, umfassen Fleisch, Fisch, Eier, Milchprodukte, Nüsse, Samen, nicht stärkehaltiges Gemüse wie Blattgemüse, Avocado, Beeren und gesunde Fette wie Olivenöl, Kokosöl und Avocadoöl. Der Verzehr von zuckerhaltigen Getränken, Süßigkeiten, Backwaren und verarbeiteten Lebensmitteln wird hingegen stark eingeschränkt oder vermieden.

Warum Low Carb?

Es gibt verschiedene Gründe, warum Menschen sich für eine Low Carb-Ernährung entscheiden:

Gewichtsabnahme: Viele Menschen wählen eine Low Carb-Diät, um Gewicht zu verlieren oder ihr Gewicht zu halten. Durch den reduzierten Konsum von Kohlenhydraten können sie ihren Blutzuckerspiegel stabilisieren und Insulinspitzen vermeiden, was zu einem geringeren Verlangen nach kalorienreichen, kohlenhydratreichen Lebensmitteln führen kann.

Blutzuckerkontrolle: Eine Low Carb-Ernährung kann helfen, den Blutzuckerspiegel zu regulieren, insbesondere bei Menschen mit Diabetes oder Insulinresistenz. Durch die Reduzierung von Kohlenhydraten werden weniger Glukose und Insulin produziert, was zu stabileren Blutzuckerspiegeln führen kann.

Verbesserung der Herzgesundheit: Einige Studien legen nahe, dass eine Low Carb-Ernährung dazu beitragen kann, Risikofaktoren für Herzerkrankungen zu verbessern, wie z.B. hoher Blutdruck, hohe Triglyceride und geringes HDL-Cholesterin.

Erhöhte Sättigung: Protein- und fettreiche Lebensmittel können dazu beitragen, ein Gefühl der Sättigung zu fördern, was dazu führt, dass Menschen weniger essen und Kalorien reduzieren.

Verbesserte Energie und Stimmung: Einige Menschen berichten von einer verbesserten Energie und Stimmung nach dem Wechsel zu einer Low Carb-Ernährung. Dies könnte auf stabilere Blutzuckerspiegel und eine verbesserte Insulinsensitivität zurückzuführen sein.

Prävention und Behandlung von Krankheiten: Eine Low Carb-Ernährung wird mit einer Reihe von gesundheitlichen Vorteilen in Verbindung gebracht, darunter eine verbesserte Insulinsensitivität, ein geringeres Risiko für Herz-Kreislauf-Erkrankungen, eine verbesserte Gehirnfunktion und eine reduzierte Entzündung.

Es ist jedoch wichtig zu beachten, dass eine Low Carb-Ernährung nicht für jeden geeignet ist, und dass individuelle Bedürfnisse und Gesundheitsziele berücksichtigt werden sollten. Es wird empfohlen, mit einem Arzt oder Ernährungsberater zu sprechen, bevor man große Veränderungen in der Ernährung vornimmt.

Frühstück

Rührei mir Gemüse

🍴 1 Portionen

🕐 Vorbereitung 5 Minuten
Kochzeit: 5 Minuten

ZUTATEN

- 4 Eier
- 1/2 Tasse gewürfeltes Gemüse nach Wahl (z.B. Paprika, Zucchini, Pilze, Spinat)
- 1 Esslöffel Olivenöl oder Kokosöl
- Salz und Pfeffer nach Geschmack

ZUBEREITUNG

1.Gemüse vorbereiten: Das Gemüse waschen und je nach Sorte würfeln oder in Scheiben schneiden.

2.Rührei vorbereiten: In einer Schüssel die Eier aufschlagen und verquirlen. Mit Salz und Pfeffer würzen.

3. Gemüse anbraten: Erhitze das Olivenöl oder Kokosöl in einer Pfanne bei mittlerer Hitze. Gib das gewürfelte Gemüse hinzu und brate es etwa 2-3 Minuten lang an, bis es leicht gebräunt und weich wird.

4. Rührei hinzufügen: Reduziere die Hitze auf mittel-niedrig. Gieße die verquirlten Eier über das angebratene Gemüse in der Pfanne. Lasse das Rührei für etwa 2 Minuten kochen, bis es an den Rändern gestockt ist.

5.Rühren und fertigstellen: Verwende einen Pfannenwender, um das Rührei vorsichtig zu rühren und zu wenden, damit es gleichmäßig kocht. Koche es für weitere 1-2 Minuten, bis das Rührei fest ist, aber noch saftig.

6.Servieren: Das Rührei auf einen Teller geben und nach Belieben mit frischen Kräutern garnieren.

Kalorien 250kcal Eiweiß 15g Kohlenhydrate 3g Fett 20g p/P

Rührei mit geräuchertem Lachs

 1 Portionen

🕐 Vorbereitung 5 Minuten
Kochzeit: 5 Minuten

ZUTATEN

- 4 Eier
- 100g geräucherter Lachs, in Stücke geschnitten
- 1 Esslöffel Butter oder Kokosöl
- Salz und Pfeffer nach Geschmack
- Frische Kräuter zum Garnieren (optional)

ZUBEREITUNG

1.Eier vorbereiten: Die Eier in eine Schüssel geben und verquirlen. Mit Salz und Pfeffer würzen.

2.Lachs vorbereiten: Den geräucherten Lachs in Stücke schneiden, falls er nicht bereits geschnitten ist.

3.Braten: Erhitze die Butter oder das Kokosöl in einer Pfanne bei mittlerer Hitze. Sobald das Fett heiß ist, die verquirlten Eier in die Pfanne geben.

4.Rühren: Die Eier mit einem Pfannenwender vorsichtig bewegen und umrühren, bis sie beginnen zu stocken.

5.Lachs hinzufügen: Sobald die Eier fast gestockt sind, die Lachsstücke über die Rühreimasse streuen und leicht unterheben.

6.Fertigstellen: Koche die Eier weiter, bis sie vollständig gestockt sind und der Lachs leicht erwärmt ist. Achte darauf, dass die Eier noch saftig bleiben.

7.Servieren: Das Rührei mit geräuchertem Lachs auf einen Teller geben, nach Belieben mit frischen Kräutern garnieren und servieren.

Kalorien 300kcal Eiweiß 25g Kohlenhydrate 1g Fett 22g p/P

Rührei mit Schinken und Käse

🍴 1 Portionen

🕐 Vorbereitung 5 Minuten
Kochzeit: 5 Minuten

ZUTATEN

- 4 Eier
- 50g gekochter Schinken, in Würfel geschnitten
- 50g geriebener Käse (z.B. Cheddar, Gouda, Emmentaler)
- 1 Esslöffel Butter oder Kokosöl
- Salz und Pfeffer nach Geschmack
- Frische Kräuter zum Garnieren (optional)

ZUBEREITUNG

1.Eier vorbereiten: Die Eier in eine Schüssel geben und verquirlen. Mit Salz und Pfeffer würzen.

2.Schinken vorbereiten: Den gekochten Schinken in kleine Würfel schneiden.

3.Braten: Erhitze die Butter oder das Kokosöl in einer Pfanne bei mittlerer Hitze. Sobald das Fett heiß ist, die verquirlten Eier in die Pfanne geben.

4.Rühren: Die Eier mit einem Pfannenwender vorsichtig bewegen und umrühren, bis sie beginnen zu stocken.

5.Schinken und Käse hinzufügen: Sobald die Eier fast gestockt sind, die Schinkenwürfel über die Rühreimasse streuen. Danach den geriebenen Käse gleichmäßig über die Pfanne verteilen.

6.Fertigstellen: Koche die Eier weiter, bis sie vollständig gestockt sind und der Käse geschmolzen ist. Achte darauf, dass die Eier noch saftig bleiben.

7.Servieren: Das Rührei mit Schinken und Käse auf einen Teller geben, nach Belieben mit frischen Kräutern garnieren und servieren.

Kalorien 350kcal Eiweiß 25g Kohlenhydrate 1g Fett 27g p/P

Rührei mit Speck, Zwiebel und Käse

🍴 1 Portionen

🕐 Vorbereitung 5 Minuten
Kochzeit: 10 Minuten

ZUTATEN

- 4 Eier
- 4 Scheiben Speck, in Stücke geschnitten
- 1/2 Zwiebel, fein gehackt
- 50g geriebener Käse (z.B. Cheddar, Gouda, Emmentaler)
- 1 Esslöffel Butter oder Kokosöl
- Salz und Pfeffer nach Geschmack
- Frische Kräuter zum Garnieren (optional)

ZUBEREITUNG

1.Eier vorbereiten: Die Eier in eine Schüssel geben und verquirlen. Mit Salz und Pfeffer würzen.

2.Speck und Zwiebeln braten: Erhitze die Butter oder das Kokosöl in einer Pfanne bei mittlerer Hitze. Gib den Speck und die gehackte Zwiebel in die Pfanne und brate sie an, bis der Speck knusprig ist und die Zwiebeln goldbraun sind.

3.Rührei hinzufügen: Reduziere die Hitze auf mittel-niedrig. Gieße die verquirlten Eier über den Speck und die Zwiebeln in der Pfanne.

4.Käse hinzufügen: Streue den geriebenen Käse gleichmäßig über die Eimasse.

5.Rühren und fertigstellen: Rühre die Eier mit einem Pfannenwender vorsichtig um, bis sie gestockt sind und der Käse geschmolzen ist. Achte darauf, dass die Eier noch saftig bleiben.

6.Servieren: Das Rührei mit Speck, Zwiebeln und Käse auf einen Teller geben, nach Belieben mit frischen Kräutern garnieren und servieren.

Kalorien 400kcal Eiweiß 23g Kohlenhydrate 3g Fett 32g p/P

Rührei mit Tomate und Schafskäse

🍴 1 Portionen

🕐 Vorbereitung 5 Minuten
Kochzeit: 5 Minuten

ZUTATEN

- 4 Eier
- 1 Tomate, gewürfelt
- 50g Schafskäse, zerbröckelt
- 1 Esslöffel Olivenöl oder Kokosöl
- Salz und Pfeffer nach Geschmack
- Frische Kräuter zum Garnieren (optional)

ZUBEREITUNG

1.Eier vorbereiten: Die Eier in eine Schüssel geben und verquirlen. Mit Salz und Pfeffer würzen.

2.Tomaten vorbereiten: Die Tomate waschen und würfeln.

3.Rührei braten: Erhitze das Olivenöl oder Kokosöl in einer Pfanne bei mittlerer Hitze. Sobald das Fett heiß ist, die verquirlten Eier in die Pfanne geben.

4.Tomaten hinzufügen: Sobald das Rührei leicht gestockt ist, die gewürfelte Tomate über die Eimasse streuen.

5.Schafskäse hinzufügen: Den zerbröckelten Schafskäse gleichmäßig über das Rührei und die Tomaten verteilen.

6.Rühren und fertigstellen: Rühre die Eier vorsichtig um, bis sie gestockt sind und der Schafskäse leicht geschmolzen ist. Achte darauf, dass die Eier noch saftig bleiben.

7.Servieren: Das Rührei mit Tomate und Schafskäse auf einen Teller geben, nach Belieben mit frischen Kräutern garnieren und servieren.

Kalorien 280kcal Eiweiß 21g Kohlenhydrate 4g Fett 20g p/P

Rührei mit Gemüse und Tofu

🍴 1 Portion

🕐 Vorbereitung 10 Minuten
Kochzeit: 10 Minuten

ZUTATEN

- 4 Eier
- 150g fester Tofu, in Würfel geschnitten
- 1 Tasse gemischtes Gemüse nach Wahl (z.B. Paprika, Zucchini, Spinat, Pilze), in kleine Stücke geschnitten
- 1 Esslöffel Olivenöl oder Kokosöl
- Salz und Pfeffer nach Geschmack
- Frische Kräuter zum Garnieren (optional)

ZUBEREITUNG

1.Gemüse vorbereiten: Das Gemüse waschen und je nach Sorte in kleine Stücke schneiden.

2.Tofu braten: Erhitze das Olivenöl oder Kokosöl in einer Pfanne bei mittlerer Hitze. Gib den Tofu in die Pfanne und brate ihn etwa 5 Minuten lang an, bis er leicht gebräunt ist.

3.Gemüse hinzufügen: Gib das vorbereitete Gemüse zu dem angebratenen Tofu in die Pfanne und brate es für weitere 3-5 Minuten an, bis es weich wird.

4.Eier hinzufügen: Schlage die Eier in eine Schüssel, verquirl sie und würze sie mit Salz und Pfeffer. Gieße die verquirlten Eier über das gebratene Gemüse und den Tofu in der Pfanne.

5.Rühren und fertigstellen: Rühre die Eier mit einem Pfannenwender vorsichtig um, bis sie gestockt sind und eine cremige Konsistenz haben.

6.Servieren: Das Rührei mit Gemüse und Tofu auf einen Teller geben, nach Belieben mit frischen Kräutern garnieren und servieren.

Kalorien 300kcal Eiweiß 24g Kohlenhydrate 5g Fett 20g p/P

Omelette mit Gemüse-Käse-Füllung

🍴 1 Portion

🕐 Vorbereitung 5 Minuten
Kochzeit: 10 Minuten

ZUTATEN

- 3 Eier
- 1/4 Tasse gewürfeltes Gemüse nach Wahl (z.B. Paprika, Zucchini, Pilze, Spinat)
- 2 Esslöffel geriebener Käse (z.B. Cheddar, Gouda, Mozzarella)
- 1 Esslöffel Olivenöl oder Kokosöl
- Salz und Pfeffer nach Geschmack
- Frische Kräuter zum Garnieren (optional)

ZUBEREITUNG

1.Gemüse vorbereiten: Das Gemüse waschen und je nach Sorte in kleine Stücke schneiden.

2.Eier verquirlen: Die Eier in eine Schüssel geben und verquirlen. Mit Salz und Pfeffer würzen.

3.Omelett braten: Erhitze das Olivenöl oder Kokosöl in einer Pfanne bei mittlerer Hitze. Sobald das Fett heiß ist, gieße die verquirlten Eier in die Pfanne.

4.Füllung hinzufügen: Streue das gewürfelte Gemüse über die Hälfte des Omeletts. Lasse das Omelett für ca. 2-3 Minuten kochen, bis die Unterseite gestockt ist und das Gemüse leicht angedünstet ist.

5.Käse hinzufügen: Streue den geriebenen Käse über das Gemüse auf der einen Hälfte des Omeletts.

6.Omelett falten: Klappen die andere Hälfte des Omeletts über die gefüllte Seite, um eine Halbmondform zu bilden. Drücke mit einem Pfannenwender leicht auf das Omelett, damit es sich gut verschließt.

7.Weiterbraten: Brate das Omelett für weitere 1-2 Minuten, bis der Käse geschmolzen ist und die Eier vollständig gestockt sind.

8.Servieren: Das Omelett vorsichtig auf einen Teller gleiten lassen, mit frischen Kräutern garnieren und servieren.

Kalorien 300kcal Eiweiß 20g Kohlenhydrate 4g Fett 22g p/P

Omelett mit Spinat-Avocadofüllung

🍴 1 Portion

🕐 Vorbereitung 5 Minuten
Kochzeit: 5 Minuten

ZUTATEN

- 3 Eier
- 1 Handvoll frischer Spinat
- 1/2 Avocado, in Scheiben geschnitten
- 1 Esslöffel Olivenöl oder Kokosöl
- Salz und Pfeffer nach Geschmack
- Optional: 1 Esslöffel geriebener Käse für die Füllung
- Frische Kräuter zum Garnieren (optional)

ZUBEREITUNG

1.Spinat vorbereiten: Den frischen Spinat waschen und trocken tupfen.

2.Eier verquirlen: Die Eier in eine Schüssel geben und verquirlen. Mit Salz und Pfeffer würzen.

3.Omelett braten: Erhitze das Olivenöl oder Kokosöl in einer Pfanne bei mittlerer Hitze. Sobald das Fett heiß ist, gieße die verquirlten Eier in die Pfanne.

4.Spinat hinzufügen: Lege den frischen Spinat auf die Hälfte des Omeletts in der Pfanne.

5.Avocado hinzufügen: Lege die Avocado Scheiben auf den Spinat.

6.Käse hinzufügen: Wenn gewünscht, streue den geriebenen Käse über den Spinat und die Avocado.

7.Omelett falten: Klappen die andere Hälfte des Omeletts über die gefüllte Seite, um eine Halbmondform zu bilden. Drücke mit einem Pfannenwender leicht auf das Omelett, damit es sich gut verschließt.

8.Weiterbraten: Brate das Omelett für weitere 1-2 Minuten, bis die Unterseite goldbraun ist und der Käse geschmolzen ist

9.Servieren: Das Omelett vorsichtig auf einen Teller gleiten lassen, mit frischen Kräutern garnieren und servieren.

Kalorien 320kcal Eiweiß 16g Kohlenhydrate 6g Fett 26g p/P

Omelett mit Spinat und Feta

🍴 1 Portion

🕐 Vorbereitung 5 Minuten
Kochzeit: 5 Minuten

ZUTATEN

- 3 Eier
- 1 Handvoll frischer Spinat
- 50g Feta-Käse, zerbröckelt
- 1 Esslöffel Olivenöl oder Kokosöl
- Salz und Pfeffer nach Geschmack
- Optional: Gewürze wie Paprika oder Cayennepfeffer für zusätzlichen Geschmack
- Frische Kräuter zum Garnieren (optional)

ZUBEREITUNG

1.Spinat vorbereiten: Den frischen Spinat waschen und trocken tupfen. Falls die Blätter groß sind, kannst du sie grob hacken.

2.Eier verquirlen: Die Eier in eine Schüssel geben und gut verquirlen. Mit Salz und Pfeffer würzen. Nach Belieben können auch andere Gewürze hinzugefügt werden.

3.Omelett braten: Erhitze das Olivenöl oder Kokosöl in einer Pfanne bei mittlerer Hitze. Sobald das Fett heiß ist, gieße die verquirlten Eier in die Pfanne.

4.Spinat hinzufügen: Lege den frischen Spinat auf eine Hälfte des Omeletts in der Pfanne.

5.Feta hinzufügen: Streue den zerbröckelten Feta über den Spinat.

6.Omelett falten: Klappen die andere Hälfte des Omeletts über die gefüllte Seite, um eine Halbmondform zu bilden. Drücke mit einem Pfannenwender leicht auf das Omelett, damit es sich gut verschließt.

7.Weiterbraten: Brate das Omelett für weitere 1-2 Minuten, bis die Unterseite goldbraun ist und der Käse leicht geschmolzen ist.

8.Servieren: Das Omelett vorsichtig auf einen Teller gleiten lassen, mit frischen Kräutern garnieren und servieren.

Kalorien 300kcal Eiweiß 18g Kohlenhydrate 2g Fett 24g p/P

Zucchini-Frittata

🍴 1 Portion

🕐 Vorbereitung 10 Minuten
Kochzeit: 15 Minuten

ZUTATEN

- 4 Eier
- 1 mittelgroße Zucchini, in dünnen Scheiben geschnitten
- 1/2 Zwiebel, fein gehackt
- 50g geriebener Käse (z.B. Parmesan, Mozzarella)
- 1 Esslöffel Olivenöl
- Salz und Pfeffer nach Geschmack
- Frische Kräuter zum Garnieren (optional)

ZUBEREITUNG

1.Zucchini vorbereiten: Die Zucchini waschen und in dünnen Scheiben schneiden.

2.Zwiebel anbraten: Erhitze das Olivenöl in einer Pfanne bei mittlerer Hitze. Gib die gehackte Zwiebel hinzu und brate sie für 2-3 Minuten an, bis sie weich und leicht golden ist.

3.Zucchini hinzufügen: Füge die Zucchinischeiben hinzu und brate sie für weitere 5-7 Minuten an, bis sie weich werden und leicht bräunen. Gelegentlich umrühren.

4.Eier verquirlen: Während die Zucchini braten, verquirle die Eier in einer separaten Schüssel. Mit Salz und Pfeffer würzen.

5.Frittata zusammenstellen: Wenn die Zucchini weich ist, gieße die verquirlten Eier gleichmäßig über die Zucchini in der Pfanne. Lasse die Mischung für 2-3 Minuten kochen, bis die Ränder der Frittata leicht gestockt sind.

6.Käse hinzufügen: Streue den geriebenen Käse gleichmäßig über die Oberfläche der Frittata.

7.Frittata backen: Übertrage die Pfanne in den vorgeheizten Ofen und backe die Frittata bei 180°C (350°F) für weitere 5-7 Minuten, bis sie goldbraun ist und die Eier vollständig gestockt sind.

8.Servieren: Die Zucchini-Frittata aus dem Ofen nehmen, in Stücke schneiden, mit frischen Kräutern garnieren und servieren.

Kalorien 250kcal Eiweiß 16g Kohlenhydrate 5g Fett 18g p/P

Gemüse-Frittata mit Pilzen und Paprika

🍴 1 Portion

🕐 Vorbereitung 10 Minuten
Kochzeit: 20 Minuten

ZUTATEN

- 6 Eier
- 1 rote Paprika, gewürfelt
- 200g Champignons, in Scheiben geschnitten
- 1 kleine Zwiebel, fein gehackt
- 50g geriebener Käse (z.B. Gouda, Cheddar)
- 2 Esslöffel Olivenöl
- Salz und Pfeffer nach Geschmack
- Frische Kräuter zum Garnieren (optional)

ZUBEREITUNG

1.Gemüse vorbereiten: Die Paprika waschen, entkernen und in kleine Würfel schneiden. Die Champignons putzen und in Scheiben schneiden. Die Zwiebel schälen und fein hacken.

2.Gemüse anbraten: Erhitze 1 Esslöffel Olivenöl in einer großen Pfanne bei mittlerer Hitze. Gib die gehackte Zwiebel hinzu und brate sie für etwa 2 Minuten an, bis sie weich wird. Füge dann die Paprika und Pilze hinzu und brate sie für weitere 5-7 Minuten an, bis sie weich sind und leicht gebräunt sind. Mit Salz und Pfeffer würzen.

3.Eier verquirlen: Während das Gemüse brät, verquirle die Eier in einer separaten Schüssel. Mit Salz und Pfeffer würzen.

4.Frittata zusammenstellen: Sobald das Gemüse weich ist, gieße die verquirlten Eier über das Gemüse in der Pfanne. Verteile das Gemüse gleichmäßig in der Pfanne.

5.Käse hinzufügen: Streue den geriebenen Käse über das Gemüse und die Eimischung in der Pfanne.

6.Frittata backen: Decke die Pfanne ab und lasse die Frittata bei mittlerer Hitze etwa 10 Minuten lang kochen, bis die Eier gestockt sind und der Käse geschmolzen ist.

7.Servieren: Die Gemüse-Frittata aus der Pfanne nehmen, in Stücke schneiden, mit frischen Kräutern garnieren und servieren.

Kalorien 280kcal Eiweiß 18g Kohlenhydrate 7g Fett 20g p/P

Hast du über Eier gewusst …

Eier sind nicht nur eine vielseitige Zutat in der Küche, sondern auch ein interessantes und nährstoffreiches Lebensmittel. Hier sind einige faszinierende Fakten über Eier:

1. **Nährstoffreichtum**: Eier sind reich an Proteinen, Vitaminen (insbesondere Vitamin B12 und Vitamin D), Mineralstoffen (wie Eisen und Zink) und Antioxidantien.
2. **Cholesteringehalt**: Obwohl Eier einen hohen Cholesteringehalt haben, wurde festgestellt, dass der Konsum von Eiern den Cholesterinspiegel im Blut nicht so stark beeinflusst, wie früher angenommen.
3. **Farben der Eierschale**: Die Farbe der Eierschale hängt von der Hühnerrasse ab. Hühner mit weißen Federn und Ohrflecken legen in der Regel weiße Eier, während Hühner mit roten Federn eher braune Eier legen.
4. **Eiklar und Eigelb**: Das Eiweiß (Eiklar) ist fett- und cholesterinfrei, während das Eigelb Fett, Cholesterin und die meisten Nährstoffe enthält. Beide Teile zusammen bilden ein vollständiges Ei.
5. **Fruchtbarkeit**: Ein Hahn ist nicht erforderlich, damit eine Henne Eier legt. Hühner legen Eier, unabhängig davon, ob sie von einem Hahn befruchtet wurden oder nicht. Die Eier, die wir normalerweise essen, sind jedoch nicht befruchtet.
6. **Lebensdauer**: Die Haltbarkeit von Eiern kann durch Kühlung verlängert werden. Eier sollten im Kühlschrank aufbewahrt werden, um das Risiko von Salmonellenerkrankungen zu reduzieren.
7. **Eiweißschlagen**: Eiweiß kann durch Schlagen Volumen und Stabilität gewinnen. Dies wird oft in der Küche verwendet, um luftige Mischungen wie Baisers oder Soufflés herzustellen.
8. **Ei in der Kochkunst**: Eier werden auf verschiedene Weisen in der Küche verwendet, darunter gekocht, gebraten, pochiert, gerührt, als Omelett zubereitet und in vielen Backrezepten.
9. **Ostertraditionen**: Das Bemalen und Verzieren von Eiern ist eine weitverbreitete Tradition zu Ostern. In vielen Kulturen symbolisieren Eier Fruchtbarkeit, neues Leben und Wiedergeburt.
10. **Eiweiß als Klebstoff**: In der traditionellen Buchbinderei wurde Eiweiß früher als natürlicher Klebstoff verwendet.

Eier sind also nicht nur ein Grundnahrungsmittel, sondern haben auch eine faszinierende Geschichte und vielfältige Verwendungsmöglichkeiten in der Küche und darüber hinaus.

Einfache Low Carb Pfannkuchen

🍴 1 Portion

🕐 Vorbereitung 5 Minuten
Kochzeit: 10 Minuten

ZUTATEN

- 4 Eier
- 100g Mandelmehl oder Kokosmehl
- 100ml Mandelmilch oder Kokosmilch (ungesüßt)
- 1 Teelöffel Backpulver
- 1 Teelöffel Vanilleextrakt (optional)
- 1 Esslöffel Erythrit oder ein anderer Low-Carb-Süßstoff (optional)
- Eine Prise Salz
- Butter oder Kokosöl zum Braten

ZUBEREITUNG

1.Teig vorbereiten: In einer Schüssel die Eier aufschlagen und verquirlen. Füge das Mandelmehl oder Kokosmehl, die Mandelmilch oder Kokosmilch, Backpulver, Vanilleextrakt (falls verwendet), Erythrit (falls verwendet) und eine Prise Salz hinzu. Rühre alles gut um, bis ein glatter Teig entsteht.

2.Pfanne vorheizen: Erhitze eine Pfanne bei mittlerer Hitze und füge etwas Butter oder Kokosöl hinzu, um die Pfanne zu fetten.

3.Pfannkuchen backen: Gieße eine kleine Menge Teig in die Pfanne und verteile ihn gleichmäßig, um einen dünnen Pfannkuchen zu formen. Backe den Pfannkuchen etwa 2-3 Minuten auf jeder Seite, bis er goldbraun ist.

4.Weiterfahren: Wiederhole den Vorgang, bis der gesamte Teig aufgebraucht ist, und füge bei Bedarf mehr Butter oder Kokosöl hinzu, um die Pfanne zu fetten.

5.Servieren: Serviere die Low-Carb-Pfannkuchen warm mit deinen Lieblings-Toppings wie frischen Beeren, griechischem Joghurt, Nüssen oder einem Zuckerersatz.

Kalorien 250kcal Eiweiß 12g Kohlenhydrate 6g Fett 18g p/P

Eiweißpfannkuchen mit Erdnussbutter

🕐 Vorbereitung 5 Minuten
Kochzeit: 5 Minuten

ZUTATEN

- 2 Eiklar
- 1 Esslöffel Mandelmehl oder Hafermehl
- 1 Esslöffel Erdnussbutter (ohne Zuckerzusatz)
- 1/2 Teelöffel Backpulver
- Eine Prise Salz
- Optional: Erythrit oder ein anderer Low-Carb-Süßstoff zum Süßen
- Butter oder Kokosöl zum Braten
- Toppings nach Wahl: Früchte, griechischer Joghurt, Nüsse

ZUBEREITUNG

1.Eiweiß vorbereiten: Die Eiklar in eine saubere, fettfreie Schüssel geben und mit einem Handmixer oder einem Schneebesen steif schlagen, bis sich steife Spitzen bilden.

2.Teig vorbereiten: In einer anderen Schüssel das Mandelmehl oder Hafermehl, Erdnussbutter, Backpulver, Salz und Erythrit (falls verwendet) vermischen. Den Eischnee vorsichtig unterheben, bis ein glatter Teig entsteht.

3.Pfanne vorheizen: Eine Pfanne bei mittlerer Hitze vorheizen und etwas Butter oder Kokosöl hinzufügen, um die Pfanne zu fetten.

4.Pfannkuchen backen: Gieße eine Portion des Teigs in die Pfanne und verteile ihn gleichmäßig, um einen Pfannkuchen zu formen. Backe ihn etwa 2-3 Minuten auf jeder Seite, bis er goldbraun ist und durchgebacken ist.

5.Weiterfahren: Wiederhole den Vorgang, bis der gesamte Teig aufgebraucht ist, und füge bei Bedarf mehr Butter oder Kokosöl hinzu, um die Pfanne zu fetten.

6.Servieren: Die Eiweißpfannkuchen mit Erdnussbutter warm mit deinen Lieblingstoppings garnieren und servieren.

Kalorien 220kcal Eiweiß 15g Kohlenhydrate 6g Fett 15g p/P

Eiweißpfannkuchen mit Blaubeeren

🍴 1 Portion

🕐 Vorbereitung 5 Minuten
Kochzeit: 5 Minuten

ZUTATEN

- 2 Eiklar
- 1 Esslöffel Mandelmehl oder Hafermehl
- 1/2 Teelöffel Backpulver
- Eine Prise Salz
- 50g frische Blaubeeren
- Optional: Erythrit oder ein anderer Low-Carb-Süßstoff zum Süßen
- Butter oder Kokosöl zum Braten
- Toppings nach Wahl: Griechischer Joghurt, Mandelbutter, Ahornsirup

ZUBEREITUNG

1.Eiweiß vorbereiten: Die Eiklar in eine saubere, fettfreie Schüssel geben und mit einem Handmixer oder einem Schneebesen steif schlagen, bis sich steife Spitzen bilden.

2.Teig vorbereiten: In einer anderen Schüssel das Mandelmehl oder Hafermehl, Backpulver, Salz und Erythrit (falls verwendet) vermischen. Den Eischnee vorsichtig unterheben, bis ein glatter Teig entsteht.

3.Blaubeeren unterheben: Die frischen Blaubeeren vorsichtig unter den Teig heben.

4.Pfanne vorheizen: Eine Pfanne bei mittlerer Hitze vorheizen und etwas Butter oder Kokosöl hinzufügen, um die Pfanne zu fetten.

5.Pfannkuchen backen: Gieße eine Portion des Teigs in die Pfanne und verteile ihn gleichmäßig, um einen Pfannkuchen zu formen. Backe ihn etwa 2-3 Minuten auf jeder Seite, bis er goldbraun ist und durchgebacken ist.

6.Weiterfahren: Wiederhole den Vorgang, bis der gesamte Teig aufgebraucht ist, und füge bei Bedarf mehr Butter oder Kokosöl hinzu, um die Pfanne zu fetten.

7.Servieren: Die Eiweißpfannkuchen mit Blaubeeren warm mit deinen Lieblingstoppings garnieren und servieren.

Kalorien 150kcal Eiweiß 15g Kohlenhydrate 15g Fett 4g p/P

Spinat-Pfannkuchen mit Leinsamen

🍴 1 Portion

🕐 Vorbereitung 10 Minuten
Kochzeit: 10 Minuten

ZUTATEN

- 100g frischer Spinat
- 2 Eier
- 2 Esslöffel Leinsamenmehl
- 2 Esslöffel Mandelmehl oder Kokosmehl
- 50ml Mandelmilch oder eine andere Milchalternative
- 1/2 Teelöffel Backpulver
- Eine Prise Salz
- Butter oder Kokosöl zum Braten
- Toppings nach Wahl: Avocado, griechischer Joghurt, Tomaten

ZUBEREITUNG

1.Spinat vorbereiten: Den frischen Spinat waschen und grob hacken.

2.Teig vorbereiten: In einem Mixer oder einer Küchenmaschine den Spinat, Eier, Leinsamenmehl, Mandelmehl, Mandelmilch, Backpulver und eine Prise Salz zu einem glatten Teig verarbeiten.

3.Pfanne vorheizen: Eine Pfanne bei mittlerer Hitze vorheizen und etwas Butter oder Kokosöl hinzufügen, um die Pfanne zu fetten.

4.Pfannkuchen backen: Gieße eine Portion des Teigs in die Pfanne und verteile ihn gleichmäßig, um einen Pfannkuchen zu formen. Backe ihn etwa 2-3 Minuten auf jeder Seite, bis er goldbraun ist und durchgebacken ist.

5.Weiterfahren: Wiederhole den Vorgang, bis der gesamte Teig aufgebraucht ist, und füge bei Bedarf mehr Butter oder Kokosöl hinzu, um die Pfanne zu fetten.

6.Servieren: Die Spinat-Pfannkuchen warm mit deinen Lieblingstoppings garnieren und servieren.

Kalorien 250kcal Eiweiß 15g Kohlenhydrate 10g Fett 15g p/P

Kokosnussmehl-Pfannkuchen

🍴 1 Portion

🕐 Vorbereitung 5 Minuten
Kochzeit: 10 Minuten

ZUTATEN

- 2 Eier
- 30g Kokosmehl
- 100ml Kokosmilch (ungesüßt)
- 1 Teelöffel Backpulver
- Eine Prise Salz
- Butter oder Kokosöl zum Braten
- Toppings nach Wahl: Beeren, griechischer Joghurt, Mandelbutter, Ahornsirup (falls gewünscht)

ZUBEREITUNG

1.Teig vorbereiten: In einer Schüssel die Eier aufschlagen und verquirlen. Füge das Kokosmehl, Kokosmilch, Backpulver und eine Prise Salz hinzu. Rühre alles gut um, bis ein glatter Teig entsteht. Falls der Teig zu dick ist, kannst du noch etwas Kokosmilch hinzufügen, bis die gewünschte Konsistenz erreicht ist.

2.Pfanne vorheizen: Eine Pfanne bei mittlerer Hitze vorheizen und etwas Butter oder Kokosöl hinzufügen, um die Pfanne zu fetten.

3.Pfannkuchen backen: Gieße eine Portion des Teigs in die Pfanne und verteile ihn gleichmäßig, um einen Pfannkuchen zu formen. Backe ihn etwa 2-3 Minuten auf jeder Seite, bis er goldbraun ist und durchgebacken ist.

4.Weiterfahren: Wiederhole den Vorgang, bis der gesamte Teig aufgebraucht ist, und füge bei Bedarf mehr Butter oder Kokosöl hinzu, um die Pfanne zu fetten.

5.Servieren: Die Kokosmehl-Pfannkuchen warm mit deinen Lieblingstoppings garnieren und servieren.

Kalorien 280kcal Eiweiß 9g Kohlenhydrate 8g Fett 20g p/P

Erdbeerpfannkuchen

🍴 1 Portion

🕐 Vorbereitung 10 Minuten
Kochzeit: 10 Minuten

ZUTATEN

- 2 Eier
- 50g Mandelmehl
- 50ml Mandelmilch (ungesüßt)
- 50g frische Erdbeeren, in Scheiben geschnitten
- 1 Teelöffel Backpulver
- Eine Prise Salz
- Butter oder Kokosöl zum Braten
- Optional: Erythrit oder ein anderer Low-Carb-Süßstoff zum Süßen
- Toppings nach Wahl: Griechischer Joghurt, Mandelbutter, Ahornsirup (falls gewünscht)

ZUBEREITUNG

1.Teig vorbereiten: In einer Schüssel die Eier aufschlagen und verquirlen. Füge das Mandelmehl, Mandelmilch, Backpulver und eine Prise Salz hinzu. Rühre alles gut um, bis ein glatter Teig entsteht. Falls der Teig zu dick ist, kannst du noch etwas Mandelmilch hinzufügen, bis die gewünschte Konsistenz erreicht ist. Optional kannst du auch etwas Erythrit oder einen anderen Low-Carb-Süßstoff zum Süßen hinzufügen.

2.Erdbeeren vorbereiten: Die Erdbeeren waschen, den Stiel entfernen und in dünne Scheiben schneiden.

3.Pfanne vorheizen: Eine Pfanne bei mittlerer Hitze vorheizen und etwas Butter oder Kokosöl hinzufügen, um die Pfanne zu fetten.

4.Pfannkuchen backen: Gieße eine Portion des Teigs in die Pfanne und verteile ihn gleichmäßig. Platziere einige Erdbeerscheiben auf dem Pfannkuchen. Backe ihn etwa 2-3 Minuten auf jeder Seite, bis er goldbraun ist und durchgebacken ist.

5.Weiterfahren: Wiederhole den Vorgang, bis der gesamte Teig aufgebraucht ist, und füge bei Bedarf mehr Butter oder Kokosöl hinzu, um die Pfanne zu fetten.

6.Servieren: Die Erdbeer-Pfannkuchen warm mit deinen Lieblingstoppings garnieren und servieren.

Kalorien 250kcal Eiweiß 9g Kohlenhydrate 10g Fett 15g p/P

Vegane Pfannkuchen ohne Eier und Milch

🍴 1 Portion

🕐 Vorbereitung 10 Minuten
Kochzeit: 15 Minuten

_____

ZUTATEN

- 100g Mandelmehl
- 50g Kokosmehl
- 1 reife Banane, zerdrückt
- 240ml ungesüßte Mandelmilch oder eine andere pflanzliche Milchalternative
- 1 Esslöffel Backpulver
- 1 Esslöffel Apfelessig oder Zitronensaft
- Eine Prise Salz
- Kokosöl oder ein anderes Pflanzenöl zum Braten
- Toppings nach Wahl: Beeren, Nüsse, Ahornsirup

ZUBEREITUNG

1.Trockene Zutaten mischen: In einer großen Schüssel das Mandelmehl, Kokosmehl, Backpulver und eine Prise Salz vermischen.

2.Nasse Zutaten hinzufügen: Die zerdrückte Banane, Mandelmilch und Apfelessig oder Zitronensaft hinzufügen. Gut vermischen, bis ein glatter Teig entsteht. Bei Bedarf mehr Mandelmilch hinzufügen, um die gewünschte Konsistenz zu erreichen.

3.Pfanne vorheizen: Eine Pfanne bei mittlerer Hitze vorheizen und etwas Kokosöl oder ein anderes Pflanzenöl hinzufügen, um die Pfanne zu fetten.

4.Pfannkuchen backen: Gieße eine Portion des Teigs in die Pfanne und verteile ihn gleichmäßig, um einen Pfannkuchen zu formen. Backe ihn etwa 2-3 Minuten auf jeder Seite, bis er goldbraun ist und durchgebacken ist.

5.Weiterfahren: Wiederhole den Vorgang, bis der gesamte Teig aufgebraucht ist, und füge bei Bedarf mehr Kokosöl oder Pflanzenöl hinzu, um die Pfanne zu fetten.

6.Servieren: Servieren: Die veganen Pfannkuchen warm mit deinen Lieblingstoppings garnieren und servieren.

Kalorien 250kcal Eiweiß 6g Kohlenhydrate 30g Fett 10g p/P

Bananen Haferflocken-Pfannkuchen

🍴 1 Portion

🕐 Vorbereitung 10 Minuten
Kochzeit: 10 Minuten

ZUTATEN

- 1 reife Banane
- 50g Haferflocken (am besten zarte Haferflocken)
- 2 Eier
- 1 Esslöffel Mandelmehl oder Kokosmehl
- 1 Teelöffel Backpulver
- Eine Prise Salz
- Butter oder Kokosöl zum Braten
- Toppings nach Wahl: Griechischer Joghurt, Beeren, Nüsse, Ahornsirup (falls gewünscht)

ZUBEREITUNG

1.Zutaten mischen: Die reife Banane in einer Schüssel zerdrücken. Die Haferflocken, Eier, Mandelmehl oder Kokosmehl, Backpulver und eine Prise Salz hinzufügen. Alles gut vermischen, bis ein gleichmäßiger Teig entsteht.

2.Pfanne vorheizen: Eine Pfanne bei mittlerer Hitze vorheizen und etwas Butter oder Kokosöl hinzufügen, um die Pfanne zu fetten.

3.Pfannkuchen backen: Gieße eine Portion des Teigs in die Pfanne und verteile ihn gleichmäßig, um einen Pfannkuchen zu formen. Backe ihn etwa 2-3 Minuten auf jeder Seite, bis er goldbraun ist und durchgebacken ist.

4.Weiterfahren: Wiederhole den Vorgang, bis der gesamte Teig aufgebraucht ist, und füge bei Bedarf mehr Butter oder Kokosöl hinzu, um die Pfanne zu fetten.

5.Servieren: Die Bananen-Haferflocken-Pfannkuchen warm mit deinen Lieblingstoppings garnieren und servieren.

Kalorien 300kcal Eiweiß 10g Kohlenhydrate 35g Fett 12g p/P

Hast du über Haferflocken gewusst ...

Haferflocken sind ein vielseitiges und nährstoffreiches Lebensmittel mit verschiedenen Eigenschaften. Hier sind einige der wichtigsten Merkmale von Haferflocken:

1. **Ballaststoffreich:** Haferflocken enthalten eine beträchtliche Menge an Ballaststoffen, insbesondere lösliche Ballaststoffe wie Beta-Glucane. Diese Ballaststoffe können zur Förderung einer gesunden Verdauung beitragen und den Blutzuckerspiegel stabilisieren.

2. **Reich an Nährstoffen:** Haferflocken sind eine gute Quelle für verschiedene wichtige Nährstoffe, darunter Mangan, Phosphor, Magnesium, Eisen, Zink, Folsäure und B-Vitamine.

3. **Langsamer Blutzuckeranstieg:** Aufgrund ihres hohen Ballaststoffgehalts und der Art der enthaltenen Kohlenhydrate haben Haferflocken den Ruf, den Blutzuckerspiegel langsam ansteigen zu lassen. Dies kann dazu beitragen, Energie über einen längeren Zeitraum bereitzustellen und Heißhungerattacken zu verhindern.

4. **Vielseitig einsetzbar:** Haferflocken können auf vielfältige Weise in der Küche verwendet werden. Sie eignen sich zum Frühstück in Form von Haferbrei, Müsli oder Granola. Zudem lassen sie sich in Backwaren wie Keksen, Brot oder Pancakes integrieren.

5. **Cholesterinsenkende Eigenschaften:** Die enthaltenen Beta-Glucane können dabei helfen, den Cholesterinspiegel zu senken, was positiv für die Herzgesundheit ist.

6. **Gut sättigend:** Haferflocken haben aufgrund ihres Ballaststoffgehalts und ihrer komplexen Kohlenhydrate eine gute Sättigungswirkung. Das kann dazu beitragen, übermäßiges Essen zu verhindern.

Gebäcke

Low Carb Brot mit Sonnenblumenkernen

🍴 1 ganzes
Brot

🕐 Vorbereitung 10 Minuten
Backzeit: 30 Minuten

ZUTATEN

- 100g Mandelmehl
- 50g Leinsamenmehl
- 50g Sonnenblumenkerne
- 4 Eier
- 80ml Olivenöl
- 1 Teelöffel Backpulver
- Eine Prise Salz

ZUBEREITUNG

1.Ofen vorheizen: Den Ofen auf 180°C vorheizen und eine Kastenform mit Backpapier auslegen.

2.Trockene Zutaten mischen: In einer Schüssel Mandelmehl, Leinsamenmehl, Sonnenblumenkerne, Backpulver und eine Prise Salz vermengen.

3.Nasse Zutaten hinzufügen: Die Eier und das Olivenöl hinzufügen und gut verrühren, bis alle Zutaten gleichmäßig vermischt sind.

4.Teig in die Form geben: Den Teig in die vorbereitete Kastenform gießen und glatt streichen.

5.Backen: Das Brot in den vorgeheizten Ofen geben und etwa 25-30 Minuten backen, bis es goldbraun ist und beim Einstechen mit einem Zahnstocher keine Teigreste mehr haften bleiben.

6.Abkühlen lassen: Das Brot aus dem Ofen nehmen und in der Form etwa 10 Minuten abkühlen lassen, bevor es aus der Form genommen wird.

7.Servieren: Das Low Carb Brot mit Sonnenblumenkernen in Scheiben schneiden und nach Belieben servieren.

Kalorien 2200kcal Eiweiß 80g Kohlenhydrate 50g Fett 180g p/gesamtes Brot

Saaten,- Körnerbrot low Carb

🍴 1 ganzes
Brot

🕐 Vorbereitung 10 Minuten
Backzeit: 60 Minuten

ZUTATEN

- 100g Mandelmehl
- 50g Leinsamenmehl
- 50g Sonnenblumenkerne
- 50g Kürbiskerne
- 50g Sesamsamen
- 50g Chiasamen
- 4 Esslöffel Flohsamenschalen
- 1 Teelöffel Backpulver
- Eine Prise Salz
- 300ml Wasser
- 2 Esslöffel Olivenöl

ZUBEREITUNG

1.Ofen vorheizen: Den Ofen auf 180°C vorheizen und eine Kastenform mit Backpapier auslegen.

2.Trockene Zutaten mischen: In einer großen Schüssel Mandelmehl, Leinsamenmehl, Sonnenblumenkerne, Kürbiskerne, Sesamsamen, Chiasamen, Flohsamenschalen, Backpulver und eine Prise Salz vermengen.

3.Nasse Zutaten hinzufügen: Wasser und Olivenöl hinzufügen und gut verrühren, bis alle Zutaten gleichmäßig vermischt sind.

4.Teig in die Form geben: Den Teig in die vorbereitete Kastenform gießen und glatt streichen.

5.Backen: Das Brot in den vorgeheizten Ofen geben und etwa 50-60 Minuten backen, bis es goldbraun ist und beim Einstechen mit einem Zahnstocher keine Teigreste mehr haften bleiben.

6.Abkühlen lassen: Das Brot aus dem Ofen nehmen und in der Form etwa 10 Minuten abkühlen lassen, bevor es aus der Form genommen wird.

7.Servieren: Das Low Carb Saaten- und Körnerbrot in Scheiben schneiden und nach Belieben servieren.

Kalorien 2000kcal Eiweiß 60g Kohlenhydrate 100g Fett 140g p/gesamtes Brot

Eiweißbrot

🍴 1 ganzes
Brot

🕐 Vorbereitung 10 Minuten
Backzeit: 60 Minuten

ZUTATEN

- 6 Eier
- 200g Mandelmehl
- 50g Leinsamenmehl
- 50g Sonnenblumenkerne
- 50g Kürbiskerne
- 2 Esslöffel Flohsamenschalen
- 1 Teelöffel Backpulver
- Eine Prise Salz

ZUBEREITUNG

1.Ofen vorheizen: Den Ofen auf 180°C vorheizen und eine Kastenform mit Backpapier auslegen.

2.Trockene Zutaten mischen: In einer großen Schüssel Mandelmehl, Leinsamenmehl, Sonnenblumenkerne, Kürbiskerne, Flohsamenschalen, Backpulver und eine Prise Salz vermengen.

3.Eier hinzufügen: Die Eier in die Schüssel geben und gut verrühren, bis ein gleichmäßiger Teig entsteht.

4.Teig in die Form geben: Den Teig in die vorbereitete Kastenform gießen und glatt streichen.

5.Backen: Das Brot in den vorgeheizten Ofen geben und etwa 50-60 Minuten backen, bis es goldbraun ist und beim Einstechen mit einem Zahnstocher keine Teigreste mehr haften bleiben.

6.Abkühlen lassen: Das Brot aus dem Ofen nehmen und in der Form etwa 10 Minuten abkühlen lassen, bevor es aus der Form genommen wird.

7.Servieren: Das Low Carb Eiweißbrot in Scheiben schneiden und nach Belieben servieren.

Kalorien 2200kcal Eiweiß 100g Kohlenhydrate 80g Fett 150g p/gesamtes Brot

Low Carb Semmeln

🍴 2 Semmeln

🕐 Vorbereitung 10 Minuten
Backzeit: 20 Minuten

ZUTATEN

- 4 Eier
- 200g Mandelmehl
- 50g Leinsamenmehl
- 50g griechischer Joghurt
- 1 Teelöffel Backpulver
- Eine Prise Salz
- Optional: Sesam- oder Mohnsamen zum Bestreuen

ZUBEREITUNG

1.Ofen vorheizen: Den Ofen auf 180°C vorheizen und eine Kastenform mit Backpapier auslegen.

2.Teig vorbereiten: In einer Schüssel die Eier aufschlagen und gut verquirlen. Mandelmehl, Leinsamenmehl, griechischen Joghurt, Backpulver und eine Prise Salz hinzufügen. Alles gut vermengen, bis ein gleichmäßiger Teig entsteht.

3.Formen der Semmeln: Den Teig in 4 gleich große Portionen teilen und zu Kugeln formen. Die Kugeln auf das vorbereitete Backblech legen und leicht flach drücken, um die Form von Semmeln zu erhalten.

4.Bestreuen (optional): Die Semmeln mit Sesam- oder Mohnsamen bestreuen, falls gewünscht.

5.Backen: Die Semmeln im vorgeheizten Ofen etwa 20 Minuten backen, bis sie goldbraun sind und sich fest anfühlen.

6.Abkühlen lassen: Die Semmeln aus dem Ofen nehmen und auf einem Kuchengitter vollständig abkühlen lassen.

7.Servieren: Die Low Carb Eiweißsemmeln nach Belieben belegen und genießen.

Kalorien 180kcal Eiweiß 9g Kohlenhydrate 5g Fett 13g p/Semmel

Low Carb Baguette

🍴 3 Baguettes

🕐 Vorbereitung 10 Minuten
Backzeit: 25 Minuten

ZUTATEN

- 200g Mandelmehl
- 50g Kokosmehl
- 4 Eier
- 80g geschmolzene Butter oder Kokosöl
- 1 Teelöffel Backpulver
- Eine Prise Salz
- Optional: Sesamsamen oder Mohnsamen zum Bestreuen

ZUBEREITUNG

1.Ofen vorheizen: Den Ofen auf 180°C vorheizen und eine Kastenform mit Backpapier auslegen.

2.Trockene Zutaten mischen: In einer Schüssel Mandelmehl, Kokosmehl, Backpulver und eine Prise Salz vermengen.

3.Nasse Zutaten hinzufügen: Die Eier und die geschmolzene Butter oder das Kokosöl hinzufügen und gut verrühren, bis ein gleichmäßiger Teig entsteht.

4.Teig formen: Den Teig zu 2-3 länglichen Baguette-Formen auf dem vorbereiteten Backblech formen.

5.Bestreuen (optional): Die Baguettes mit Sesam- oder Mohnsamen bestreuen, falls gewünscht.

6.Backen: Die Baguettes im vorgeheizten Ofen etwa 25 Minuten backen, bis sie goldbraun sind und hohl klingen, wenn man auf die Unterseite klopft.

7.Abkühlen lassen: Die Baguettes aus dem Ofen nehmen und auf einem Kuchengitter vollständig abkühlen lassen.

8.Servieren: Die Low Carb Baguettes nach Belieben mit Aufstrichen, Käse oder Belägen servieren.

Kalorien 380kcal Eiweiß 14g Kohlenhydrate 9g Fett 32g p/Baguette

Low Carb Pizza Teig

🍴 1 Backblech

🕐 Vorbereitung 10 Minuten
Backzeit: 15-20 Minuten

_____

ZUTATEN

- 100g Mandelmehl
- 50g Kokosmehl
- 4 Eier
- 60g geschmolzene Butter oder Kokosöl
- 1 Teelöffel Backpulver
- Eine Prise Salz
- 1 Teelöffel italienische Kräuter (optional)

ZUBEREITUNG

1.Ofen vorheizen: Den Ofen auf 200°C vorheizen und ein Backblech mit Backpapier auslegen.

2.Trockene Zutaten mischen: In einer Schüssel Mandelmehl, Kokosmehl, Backpulver, Salz und optional die italienischen Kräuter vermengen.

3.Nasse Zutaten hinzufügen: Die Eier und die geschmolzene Butter oder das Kokosöl hinzufügen und gut verrühren, bis ein gleichmäßiger Teig entsteht.

4.Teig ausrollen: Den Teig zwischen zwei Stücken Backpapier zu einer dünnen Schicht ausrollen, die ungefähr die Größe der gewünschten Pizza hat.

5.Backen: Den Teig auf das vorbereitete Backblech legen und im vorgeheizten Ofen etwa 15-20 Minuten backen, bis er leicht goldbraun ist.

6.Belegen: Den gebackenen Pizzateig nach Belieben mit kohlenhydratarmen Pizzasoßen, Käse und Belägen belegen.

7.Backen (optional): Die belegte Pizza zurück in den Ofen geben und weitere 5-10 Minuten backen, bis der Käse geschmolzen ist und Beläge leicht gebräunt sind.

8.Servieren: Die Low Carb Pizza in Stücke schneiden und servieren.

Kalorien 800kcal Eiweiß 32g Kohlenhydrate 24g Fett 64g p/gesamter Teig

Keto-Burgerbrötchen

🍴 6 Burgerbrötchen

🕐 Vorbereitung 10 Minuten
Backzeit: 20-25 Minuten

ZUTATEN

- 100g Mandelmehl
- 50g Kokosmehl
- 4 Eier
- 60g geschmolzene Butter oder Kokosöl
- 1 Teelöffel Backpulver
- Eine Prise Salz
- Optional: Sesamsamen oder Mohnsamen zum Bestreuen

ZUBEREITUNG

1.Ofen vorheizen: Den Ofen auf 180°C vorheizen und ein Backblech mit Backpapier auslegen.

2.Trockene Zutaten mischen: In einer Schüssel Mandelmehl, Kokosmehl, Backpulver und eine Prise Salz vermengen.

3.Nasse Zutaten hinzufügen: Die Eier und die geschmolzene Butter oder das Kokosöl hinzufügen und gut verrühren, bis ein gleichmäßiger Teig entsteht.

4.Teig formen: Den Teig zu 4-6 Brötchen formen und auf das vorbereitete Backblech legen.

5.Bestreuen (optional): Die Brötchen mit Sesamsamen oder Mohnsamen bestreuen, falls gewünscht.

6.Backen: Die Brötchen im vorgeheizten Ofen etwa 20-25 Minuten backen, bis sie goldbraun und fest sind.

7.Abkühlen lassen: Die Brötchen aus dem Ofen nehmen und auf einem Kuchengitter abkühlen lassen.

8.Servieren: Die Keto-Burgerbrötchen nach Belieben mit Patties, Belägen und Saucen zu Burgern zusammenstellen und servieren.

Kalorien 200kcal Eiweiß 8g Kohlenhydrate 6g Fett 16g p/Brötchen

Keto-Brotstangen

🍴 8 Brotstangen

🕐 Vorbereitung 10 Minuten
Backzeit: 20 Minuten

ZUTATEN

- 150g Mandelmehl
- 50g Kokosmehl
- 4 Eier
- 60g geschmolzene Butter oder Kokosöl
- 1 Teelöffel Backpulver
- Eine Prise Salz
- Optional: Sesamsamen, Mohnsamen oder Kürbiskerne zum Bestreuen

ZUBEREITUNG

1.Ofen vorheizen: Den Ofen auf 180ºC vorheizen und eine Kastenform mit Backpapier auslegen.

2.Trockene Zutaten mischen: In einer Schüssel Mandelmehl, Kokosmehl, Backpulver und eine Prise Salz vermengen.

3.Nasse Zutaten hinzufügen: Die Eier und die geschmolzene Butter oder das Kokosöl hinzufügen und gut verrühren, bis ein gleichmäßiger Teig entsteht.

4.Teig formen: Den Teig zu einer langen Rolle formen und in etwa 8-10 gleichmäßige Stangen schneiden.

5.Bestreuen (optional): Die Brotstangen mit Sesamsamen, Mohnsamen oder Kürbiskernen bestreuen, falls gewünscht.

6.Backen: Die Brotstangen auf dem vorbereiteten Backblech im vorgeheizten Ofen etwa 20 Minuten backen, bis sie goldbraun und fest sind.

7.Abkühlen lassen: Die Brotstangen aus dem Ofen nehmen und auf einem Kuchengitter abkühlen lassen.

8.Servieren: Die Keto-Brotstangen nach Belieben mit Aufstrichen, Käse oder Belägen servieren.

Kalorien 200kcal Eiweiß 7g Kohlenhydrate 6g Fett 16g p/Brotstange

Hast du über Kokosmehl gewusst ...

Kokosmehl ist ein nahrhaftes und vielseitiges Mehl, das aus getrocknetem und entöltem Kokosfleisch hergestellt wird. Es hat eine leicht süße Note und eine feine Textur. Hier sind einige seiner Eigenschaften:

1. Hoher Ballaststoffgehalt: Kokosmehl ist reich an Ballaststoffen, was dazu beiträgt, die Verdauung zu fördern, den Blutzuckerspiegel zu regulieren und das Sättigungsgefühl zu erhöhen.
2. Niedriger glykämischer Index: Im Vergleich zu Weizenmehl hat Kokosmehl einen niedrigeren glykämischen Index, was bedeutet, dass es den Blutzuckerspiegel weniger stark erhöht.
3. Glutenfrei: Kokosmehl ist natürlicherweise glutenfrei und eignet sich daher gut für Menschen mit Glutenunverträglichkeit oder Zöliakie.
4. Reich an Protein: Obwohl Kokosmehl im Vergleich zu anderen Mehlsorten weniger Protein enthält, ist es dennoch eine gute pflanzliche Proteinquelle.
5. Gesunde Fette: Kokosmehl enthält gesunde Fette, insbesondere mittelkettige Triglyceride (MCTs), die eine schnelle Energiequelle für den Körper darstellen und den Stoffwechsel unterstützen können.
6. Vielseitig verwendbar: Kokosmehl kann in einer Vielzahl von Rezepten verwendet werden, von Backwaren wie Brot, Kuchen und Keksen bis hin zu Pfannkuchen, Müsliriegeln und Smoothies.
7. Gute Quelle für Mikronährstoffe: Kokosmehl enthält verschiedene wichtige Mikronährstoffe wie Eisen, Kalium und Magnesium sowie Antioxidantien.
8. Feuchtigkeitsbindend: Aufgrund seines hohen Ballaststoffgehalts hat Kokosmehl eine hohe Wasserbindefähigkeit, was dazu führt, dass Backwaren saftig und feucht bleiben.

Suppen

Gemüsesuppe

🍴 4 Portionen

🕐 Vorbereitung 10 Minuten
Kochzeit: 25-30 Minuten

ZUTATEN

- 2 Esslöffel Olivenöl oder Kokosöl
- 1 Zwiebel, gehackt
- 2 Knoblauchzehen, gehackt
- 2 Stangen Sellerie, gehackt
- 2 Möhren, gehackt
- 1 Paprika, gehackt
- 1 Zucchini, gehackt
- 400 g gehackte Tomaten (aus der Dose)
- 1 Liter Gemüsebrühe
- Salz und Pfeffer nach Geschmack
- Frische Kräuter (z. B. Petersilie, Thymian, Rosmarin), gehackt
- Optional: Chili-Flocken oder Paprika-Pulver für eine würzige Note

ZUBEREITUNG

1.Gemüse vorbereiten: Zwiebel, Knoblauch, Sellerie, Möhren, Paprika und Zucchini waschen, schälen und klein schneiden.

2.Öl erhitzen: Das Olivenöl oder Kokosöl in einem großen Topf bei mittlerer Hitze erhitzen.

3.Zwiebel und Knoblauch anbraten: Die gehackte Zwiebel und den Knoblauch in das heiße Öl geben und für etwa 2-3 Minuten anbraten, bis sie duftend und glasig sind.

4.Gemüse hinzufügen: Den Sellerie, die Möhren, die Paprika und die Zucchini zum Topf geben und für weitere 5 Minuten anbraten, bis das Gemüse leicht gebräunt ist.

5.Tomaten und Brühe hinzufügen: Die gehackten Tomaten aus der Dose und die Gemüsebrühe in den Topf geben. Gut umrühren und zum Kochen bringen.

6.Kochen lassen: Die Suppe zum Kochen bringen, dann die Hitze reduzieren und etwa 15-20 Minuten köcheln lassen, bis das Gemüse weich ist und die Aromen sich vermischen.

7.Würzen: Mit Salz, Pfeffer und nach Belieben mit frischen Kräutern und Gewürzen abschmecken. Optional können auch Chili-Flocken oder Paprika-Pulver für eine würzige Note hinzugefügt werden.

8.Servieren: Die Gemüsesuppe in Schüsseln portionieren und heiß servieren.

Kalorien 150kcal Eiweiß 4g Kohlenhydrate 15g Fett 8g p/Portion

Blumenkohlsuppe

🍴 4 Portionen

🕐 Vorbereitung 10 Minuten
Kochzeit: 20-25 Minuten

ZUTATEN

- 1 mittelgroßer Blumenkohl, in Röschen geschnitten
- 1 Zwiebel, gehackt
- 2 Knoblauchzehen, gehackt
- 1 Liter Gemüsebrühe
- 200 ml Sahne oder Kokosmilch
- 2 Esslöffel Olivenöl oder Kokosöl
- Salz und Pfeffer nach Geschmack
- Optional: Frische Kräuter (z.B. Petersilie oder Schnittlauch) zum Garnieren

ZUBEREITUNG

1.Blumenkohl vorbereiten: Den Blumenkohl waschen und in kleine Röschen schneiden.

2.Zwiebel und Knoblauch anbraten: Das Olivenöl oder Kokosöl in einem großen Topf erhitzen. Die gehackte Zwiebel und den Knoblauch hinzufügen und bei mittlerer Hitze glasig anbraten.

3.Blumenkohl hinzufügen: Die Blumenkohlröschen zum Topf geben und für etwa 5 Minuten anbraten, bis sie leicht gebräunt sind.

4.Brühe hinzufügen: Die Gemüsebrühe hinzufügen, sodass der Blumenkohl bedeckt ist. Die Hitze auf mittlere Stufe reduzieren und die Suppe köcheln lassen, bis der Blumenkohl weich ist, etwa 15-20 Minuten.

5.Pürieren: Die Suppe vom Herd nehmen und mit einem Stabmixer oder in einem Standmixer pürieren, bis eine cremige Konsistenz erreicht ist.

6.Sahne hinzufügen: Die Sahne oder Kokosmilch unterrühren und die Suppe nochmals erhitzen. Mit Salz und Pfeffer abschmecken.

7.Servieren: Die Blumenkohlsuppe in Schüsseln portionieren und nach Belieben mit frischen Kräutern garnieren. Heiß servieren.

Kalorien 250kcal Eiweiß 5g Kohlenhydrate 10g Fett 20g p/Portion

Tomatensuppe

🍴 4 Portionen

🕐 Vorbereitung 10 Minuten
Kochzeit: 20-25 Minuten

ZUTATEN

- 800 g reife Tomaten, grob gehackt (frisch oder aus der Dose)
- 1 Zwiebel, gehackt
- 2 Knoblauchzehen, gehackt
- 2 Esslöffel Olivenöl
- 500 ml Gemüsebrühe
- 2 Teelöffel Tomatenmark
- 1 Teelöffel getrocknetes Basilikum
- 1 Teelöffel getrockneter Oregano
- Salz und Pfeffer nach Geschmack
- Optional: Eine Prise Zuckerersatzmittel, um die Säure der Tomaten auszugleichen
- Optional: Frische Kräuter (z.B. Basilikum oder Petersilie) zum Garnieren

ZUBEREITUNG

1.Zwiebel und Knoblauch anbraten: Das Olivenöl in einem großen Topf erhitzen. Die gehackte Zwiebel und den Knoblauch hinzufügen und bei mittlerer Hitze glasig anbraten.

2.Tomaten hinzufügen: Die gehackten Tomaten zum Topf geben und etwa 5 Minuten köcheln lassen, bis sie weich sind.

3.Brühe hinzufügen: Die Gemüsebrühe, das Tomatenmark, das getrocknete Basilikum und den getrockneten Oregano hinzufügen. Gut umrühren und die Suppe zum Kochen bringen.

4.Kochen lassen: Die Suppe bei mittlerer Hitze etwa 10-15 Minuten köcheln lassen, damit sich die Aromen gut vermischen.

5.Pürieren: Die Suppe vom Herd nehmen und mit einem Stabmixer oder in einem Standmixer pürieren, bis eine glatte Konsistenz erreicht ist.
6.Würzen: Mit Salz, Pfeffer und nach Bedarf einem Zuckerersatzmittel abschmecken, um die Säure der Tomaten auszugleichen.

7.Servieren: Die Tomatensuppe in Schüsseln portionieren und nach Belieben mit frischen Kräutern garnieren. Heiß servieren.

Kalorien 100kcal Eiweiß 2g Kohlenhydrate 10g Fett 6g p/Portion

Pilzsuppe

🍴 4 Portionen

🕐 Vorbereitung 10 Minuten
Kochzeit: 20-25 Minuten

ZUTATEN

- 500 g gemischte Pilze (Champignons, Shiitake, Pfifferlinge, etc.), in Scheiben geschnitten
- 1 Zwiebel, gehackt
- 2 Knoblauchzehen, gehackt
- 2 Esslöffel Olivenöl oder Butter
- 1 Liter Gemüsebrühe
- 200 ml Sahne oder Kokosmilch
- Salz und Pfeffer nach Geschmack
- Frische Kräuter (z.B. Petersilie oder Thymian) zum Garnieren

ZUBEREITUNG

1.Pilze vorbereiten: Die Pilze waschen und in Scheiben schneiden.

2.Zwiebel und Knoblauch anbraten: Das Olivenöl oder die Butter in einem großen Topf erhitzen. Die gehackte Zwiebel und den Knoblauch hinzufügen und bei mittlerer Hitze glasig anbraten.

3.Pilze hinzufügen: Die Pilzscheiben zum Topf geben und für etwa 5-7 Minuten anbraten, bis sie weich sind und leicht gebräunt sind.

4.Brühe hinzufügen: Die Gemüsebrühe hinzufügen und die Suppe zum Kochen bringen. Die Hitze reduzieren und die Suppe etwa 10-15 Minuten köcheln lassen, damit sich die Aromen gut vermischen.

5.Sahne hinzufügen: Die Sahne oder Kokosmilch unterrühren und die Suppe nochmals erhitzen. Mit Salz und Pfeffer abschmecken.

6.Pürieren (optional): Die Suppe kann entweder grob gelassen werden oder mit einem Stabmixer oder in einem Standmixer püriert werden, um eine glatte Konsistenz zu erreichen.

7.Servieren: Die Pilzsuppe in Schüsseln portionieren und mit frischen Kräutern garnieren. Heiß servieren.

Kalorien 250kcal Eiweiß 5g Kohlenhydrate 8g Fett 20g p/Portion

Hühner-Pilzsuppe

🍴 4 Portionen

🕐 Vorbereitung 10 Minuten
Kochzeit: 25-30 Minuten

ZUTATEN

- 500 g Hähnchenbrust, in kleine Stücke geschnitten
- 250 g Champignons, in Scheiben geschnitten
- 1 Zwiebel, gehackt
- 2 Knoblauchzehen, gehackt
- 1 Liter Hühnerbrühe
- 200 ml Sahne oder Kokosmilch
- 2 Esslöffel Olivenöl oder Butter
- Salz und Pfeffer nach Geschmack
- Frische Kräuter (z.B. Petersilie oder Thymian) zum Garnieren

ZUBEREITUNG

1.Hühnchen anbraten: Das Olivenöl oder die Butter in einem großen Topf erhitzen. Die Hähnchenbruststücke hinzufügen und bei mittlerer Hitze anbraten, bis sie goldbraun sind. Aus dem Topf nehmen und beiseite stellen.

2.Zwiebel und Knoblauch anbraten: Die gehackte Zwiebel und den Knoblauch in denselben Topf geben und glasig anbraten.

3.Pilze hinzufügen: Die Champignonscheiben zum Topf geben und für etwa 5-7 Minuten anbraten, bis sie weich sind und Flüssigkeit abgeben.

4.Hühnerbrühe hinzufügen: Die Hühnerbrühe zum Topf geben und zum Kochen bringen. Die Hitze reduzieren und die Suppe etwa 10-15 Minuten köcheln lassen, damit sich die Aromen gut vermischen.

5.Hühnchen hinzufügen: Die angebratenen Hühnerbruststücke zur Suppe zurückgeben und weiter köcheln lassen, bis das Hühnchen durchgegart ist.

6.Sahne hinzufügen: Die Sahne oder Kokosmilch unterrühren und die Suppe nochmals erhitzen. Mit Salz und Pfeffer abschmecken.

7.Servieren: Die Hühner-Pilzsuppe in Schüsseln portionieren und mit frischen Kräutern garnieren. Heiß servieren.

Kalorien 300kcal Eiweiß 25g Kohlenhydrate 6g Fett 20g p/Portion

Hühnersuppe

🍴 4 Portionen

🕐 Vorbereitung 10 Minuten
Kochzeit: 25-30 Minuten

ZUTATEN

- 500 g Hühnerbrust, in kleine Stücke geschnitten
- 1 Zwiebel, gehackt
- 2 Karotten, geschält und in Scheiben geschnitten
- 2 Stangen Sellerie, gehackt
- 2 Knoblauchzehen, gehackt
- 1 Liter Hühnerbrühe
- 2 Esslöffel Olivenöl oder Butter
- Salz und Pfeffer nach Geschmack
- Frische Kräuter (z.B. Petersilie oder Thymian) zum Garnieren

ZUBEREITUNG

1.Hühnchen anbraten: Das Olivenöl oder die Butter in einem großen Topf erhitzen. Die Hühnerbruststücke hinzufügen und bei mittlerer Hitze anbraten, bis sie goldbraun sind. Aus dem Topf nehmen und beiseite stellen.

2.Zwiebel und Knoblauch anbraten: Die gehackte Zwiebel und den Knoblauch in denselben Topf geben und glasig anbraten.

3.Gemüse hinzufügen: Die Karotten- und Selleriestücke zum Topf geben und für etwa 5 Minuten anbraten, bis sie weich sind.

4.Hühnerbrühe hinzufügen: Die Hühnerbrühe zum Topf geben und zum Kochen bringen. Die Hitze reduzieren und die Suppe etwa 10-15 Minuten köcheln lassen, damit sich die Aromen gut vermischen.

5.Hühnchen wieder hinzufügen: Die angebratenen Hühnerbruststücke zur Suppe zurückgeben und weiter köcheln lassen, bis das Hühnchen durchgegart ist.

6.Würzen: Die Suppe mit Salz und Pfeffer abschmecken.

7.Servieren: Die Hühnersuppe in Schüsseln portionieren und mit frischen Kräutern garnieren. Heiß servieren.

Kalorien 250kcal Eiweiß 30g Kohlenhydrate 7g Fett 10g p/Portion

Ingwersuppe

🍴 4 Portionen

🕐 Vorbereitung 10 Minuten
Kochzeit: 20-25 Minuten

ZUTATEN

- 1 mittelgroße Zwiebel, gehackt
- 2 Knoblauchzehen, gehackt
- 1 Esslöffel frischer Ingwer, geschält und gehackt
- 1 Liter Gemüsebrühe
- 400 ml Kokosmilch
- 2 Esslöffel Olivenöl oder Kokosöl
- Salz und Pfeffer nach Geschmack
- Optional: Frische Kräuter (z.B. Koriander oder Petersilie) zum Garnieren

ZUBEREITUNG

1.Zwiebel, Knoblauch und Ingwer anbraten: Das Olivenöl oder Kokosöl in einem großen Topf erhitzen. Die gehackte Zwiebel, Knoblauch und Ingwer hinzufügen und bei mittlerer Hitze glasig anbraten.

2.Gemüsebrühe hinzufügen: Die Gemüsebrühe zum Topf geben und zum Kochen bringen. Die Hitze reduzieren und die Suppe etwa 10-15 Minuten köcheln lassen, damit sich die Aromen gut vermischen.

3.Kokosmilch hinzufügen: Die Kokosmilch unterrühren und die Suppe nochmals erhitzen. Mit Salz und Pfeffer abschmecken.

4.Pürieren (optional): Die Suppe kann entweder grob gelassen werden oder mit einem Stabmixer oder in einem Standmixer püriert werden, um eine glatte Konsistenz zu erreichen.

5.Würzen: Mit Salz und Pfeffer abschmecken.

6.Servieren: Die Ingwersuppe in Schüsseln portionieren und nach Belieben mit frischen Kräutern garnieren. Heiß servieren.

Kalorien 250kcal Eiweiß 3g Kohlenhydrate 8g Fett 20g p/Portion

Spinatsuppe

🍴 4 Portionen

🕐 Vorbereitung 10 Minuten
Kochzeit: 20-25 Minuten

ZUTATEN

- 500 g frischer Spinat, gewaschen und grob gehackt
- 1 Zwiebel, gehackt
- 2 Knoblauchzehen, gehackt
- 1 Liter Gemüsebrühe
- 200 ml Sahne oder Kokosmilch
- 2 Esslöffel Olivenöl oder Butter
- Salz und Pfeffer nach Geschmack
- Optional: Eine Prise Muskatnuss
- Optional: Frische Kräuter (z.B. Petersilie oder Schnittlauch) zum Garnieren

ZUBEREITUNG

1.Zwiebel und Knoblauch anbraten: Das Olivenöl oder die Butter in einem großen Topf erhitzen. Die gehackte Zwiebel und den Knoblauch hinzufügen und bei mittlerer Hitze glasig anbraten.

2.Spinat hinzufügen: Den gewaschenen und gehackten Spinat zum Topf geben. Unter gelegentlichem Rühren für etwa 5 Minuten garen, bis der Spinat zusammengefallen ist.

3.Gemüsebrühe hinzufügen: Die Gemüsebrühe zum Topf geben und zum Kochen bringen. Die Hitze reduzieren und die Suppe etwa 10-15 Minuten köcheln lassen, damit sich die Aromen gut vermischen.

4.Sahne hinzufügen: Die Sahne oder Kokosmilch unterrühren und die Suppe nochmals erhitzen. Mit Salz, Pfeffer und optional einer Prise Muskatnuss abschmecken.

5.Pürieren (optional): Die Suppe kann entweder grob gelassen werden oder mit einem Stabmixer oder in einem Standmixer püriert werden, um eine glatte Konsistenz zu erreichen.

6.Servieren: Die Spinatsuppe in Schüsseln portionieren und nach Belieben mit frischen Kräutern garnieren. Heiß servieren.

Kalorien 200kcal Eiweiß 5g Kohlenhydrate 7g Fett 15g p/Portion

Brokkolisuppe

🍴 4 Portionen

🕐 Vorbereitung 10 Minuten
Kochzeit: 20-25 Minuten

ZUTATEN

- 500 g frischer Brokkoli, in Röschen geschnitten
- 1 Zwiebel, gehackt
- 2 Knoblauchzehen, gehackt
- 1 Liter Gemüsebrühe
- 200 ml Sahne oder Kokosmilch
- 2 Esslöffel Olivenöl oder Butter
- Salz und Pfeffer nach Geschmack
- Optional: Eine Prise Muskatnuss
- Optional: Frische Kräuter (z.B. Petersilie oder Schnittlauch) zum Garnieren

ZUBEREITUNG

1.Zwiebel und Knoblauch anbraten: Das Olivenöl oder die Butter in einem großen Topf erhitzen. Die gehackte Zwiebel und den Knoblauch hinzufügen und bei mittlerer Hitze glasig anbraten.

2.Brokkoli hinzufügen: Die Brokkoliröschen zum Topf geben und für etwa 5 Minuten anbraten, bis sie leicht gebräunt sind.

3.Gemüsebrühe hinzufügen: Die Gemüsebrühe zum Topf geben und zum Kochen bringen. Die Hitze reduzieren und die Suppe etwa 10-15 Minuten köcheln lassen, bis der Brokkoli weich ist.

4.Sahne hinzufügen: Die Sahne oder Kokosmilch unterrühren und die Suppe nochmals erhitzen. Mit Salz, Pfeffer und optional einer Prise Muskatnuss abschmecken.

5.Pürieren (optional): Die Suppe kann entweder grob gelassen werden oder mit einem Stabmixer oder in einem Standmixer püriert werden, um eine glatte Konsistenz zu erreichen.

6.Servieren: Die Brokkolisuppe in Schüsseln portionieren und nach Belieben mit frischen Kräutern garnieren. Heiß servieren.

Kalorien 250kcal Eiweiß 5g Kohlenhydrate 10g Fett 20g p/Portion

Sellerie-Knoblauchsuppe

🍴 4 Portionen

🕐 Vorbereitung 10 Minuten
Kochzeit: 25-30 Minuten

ZUTATEN

- 1 mittelgroße Sellerieknolle, geschält und in Stücke geschnitten
- 4 Knoblauchzehen, gehackt
- 1 Zwiebel, gehackt
- 1 Liter Gemüsebrühe
- 200 ml Sahne oder Kokosmilch
- 2 Esslöffel Olivenöl oder Butter
- Salz und Pfeffer nach Geschmack
- Optional: Eine Prise Muskatnuss
- Optional: Frische Kräuter (z.B. Petersilie oder Schnittlauch) zum Garnieren

ZUBEREITUNG

1.Sellerie, Knoblauch und Zwiebel anbraten: Das Olivenöl oder die Butter in einem großen Topf erhitzen. Die gehackte Zwiebel und den gehackten Knoblauch hinzufügen und bei mittlerer Hitze glasig anbraten. Die Selleriestücke hinzufügen und für weitere 5 Minuten braten, bis sie weich werden.

2.Gemüsebrühe hinzufügen: Die Gemüsebrühe zum Topf geben und zum Kochen bringen. Die Hitze reduzieren und die Suppe etwa 15-20 Minuten köcheln lassen, bis der Sellerie vollständig weich ist.

3.Sahne hinzufügen: Die Sahne oder Kokosmilch unterrühren und die Suppe nochmals erhitzen. Mit Salz, Pfeffer und optional einer Prise Muskatnuss abschmecken.

4.Pürieren (optional): Die Suppe kann entweder grob gelassen werden oder mit einem Stabmixer oder in einem Standmixer püriert werden, um eine glatte Konsistenz zu erreichen.

5.Servieren: Die Sellerie-Knoblauchsuppe in Schüsseln portionieren und nach Belieben mit frischen Kräutern garnieren. Heiß servieren.

Kalorien 250kcal Eiweiß 5g Kohlenhydrate 10g Fett 20g p/Portion

Kürbissuppe

🍴 4 Portionen

🕐 Vorbereitung 15 Minuten
Kochzeit: 25-30 Minuten

ZUTATEN

- 1 kleiner Hokkaido-Kürbis, etwa 1 kg, entkernt und in Würfel geschnitten
- 1 Zwiebel, gehackt
- 2 Knoblauchzehen, gehackt
- 1 Liter Gemüsebrühe
- 200 ml Kokosmilch
- 2 Esslöffel Olivenöl oder Butter
- Salz und Pfeffer nach Geschmack
- Optional: Eine Prise Muskatnuss oder Zimt
- Optional: Frische Kräuter (z.B. Petersilie oder Schnittlauch) zum Garnieren

ZUBEREITUNG

1.Zwiebel und Knoblauch anbraten: Das Olivenöl oder die Butter in einem großen Topf erhitzen. Die gehackte Zwiebel und den Knoblauch hinzufügen und bei mittlerer Hitze glasig anbraten.

2.Kürbis hinzufügen: Die Kürbiswürfel zum Topf geben und für etwa 5 Minuten anbraten, bis sie leicht gebräunt sind.

3.Gemüsebrühe hinzufügen: Die Gemüsebrühe zum Topf geben und zum Kochen bringen. Die Hitze reduzieren und die Suppe etwa 15-20 Minuten köcheln lassen, bis der Kürbis weich ist.

4.Kokosmilch hinzufügen: Die Kokosmilch unterrühren und die Suppe nochmals erhitzen. Mit Salz, Pfeffer und optional einer Prise Muskatnuss oder Zimt abschmecken.

5.Pürieren (optional): Die Suppe kann entweder grob gelassen werden oder mit einem Stabmixer oder in einem Standmixer püriert werden, um eine glatte Konsistenz zu erreichen.

6.Servieren: Die Kürbissuppe in Schüsseln portionieren und nach Belieben mit frischen Kräutern garnieren. Heiß servieren.

Kalorien 200kcal Eiweiß 3g Kohlenhydrate 10g Fett 15g p/Portion

Gurkensuppe

🍴 4 Portionen

🕐 Vorbereitung 10 Minuten
Kochzeit: 20-25 Minuten

ZUTATEN

- 3 große Gurken, geschält und grob gehackt
- 1 Zwiebel, gehackt
- 2 Knoblauchzehen, gehackt
- 1 Liter Gemüsebrühe
- 200 ml Sahne oder Kokosmilch
- 2 Esslöffel Olivenöl oder Butter
- 2 Esslöffel Zitronensaft
- Salz und Pfeffer nach Geschmack
- Frische Kräuter (z.B. Dill oder Petersilie) zum Garnieren

ZUBEREITUNG

1.Zwiebel und Knoblauch anbraten: Das Olivenöl oder die Butter in einem großen Topf erhitzen. Die gehackte Zwiebel und den Knoblauch hinzufügen und bei mittlerer Hitze glasig anbraten.

2.Gurken hinzufügen: Die gehackten Gurkenstücke zum Topf geben und für etwa 5 Minuten anbraten, bis sie leicht gebräunt sind.

3.Gemüsebrühe hinzufügen: Die Gemüsebrühe zum Topf geben und zum Kochen bringen. Die Hitze reduzieren und die Suppe etwa 10-15 Minuten köcheln lassen, bis die Gurken weich sind.

4.Sahne hinzufügen: Die Sahne oder Kokosmilch unterrühren und die Suppe nochmals erhitzen. Mit Salz, Pfeffer und Zitronensaft abschmecken.

5.Pürieren (optional): Die Suppe kann entweder grob gelassen werden oder mit einem Stabmixer oder in einem Standmixer püriert werden, um eine glatte Konsistenz zu erreichen.

6.Servieren: Die Gurkensuppe in Schüsseln portionieren und nach Belieben mit frischen Kräutern garnieren. Heiß servieren.

Kalorien 250kcal Eiweiß 3g Kohlenhydrate 10g Fett 20g p/Portion

Linsensuppe

🍴 4 Portionen

🕐 Vorbereitung 10 Minuten
Kochzeit: 30-35 Minuten

ZUTATEN

- 200 g grüne oder braune Linsen, gewaschen
- 1 Zwiebel, gehackt
- 2 Karotten, geschält und in Würfel geschnitten
- 2 Stangen Sellerie, gehackt
- 2 Knoblauchzehen, gehackt
- 1 Liter Gemüsebrühe
- 2 Esslöffel Olivenöl oder Butter
- Salz und Pfeffer nach Geschmack
- Optional: Gewürze wie Kreuzkümmel, Paprika oder Kurkuma für zusätzlichen Geschmack
- Optional: Frische Kräuter (z.B. Petersilie oder Thymian) zum Garnieren

ZUBEREITUNG

1.Zwiebel und Knoblauch anbraten: Das Olivenöl oder die Butter in einem großen Topf erhitzen. Die gehackte Zwiebel und den Knoblauch hinzufügen und bei mittlerer Hitze glasig anbraten.

2.Gemüse hinzufügen: Die Karotten- und Selleriewürfel zum Topf geben und für etwa 5 Minuten anbraten, bis sie weich werden.

3.Linsen hinzufügen: Die gewaschenen Linsen zum Gemüse geben und kurz anbraten.

4.Gemüsebrühe hinzufügen: Die Gemüsebrühe zum Topf geben und zum Kochen bringen. Die Hitze reduzieren und die Suppe etwa 20-25 Minuten köcheln lassen, bis die Linsen weich sind.

5.Würzen: Mit Salz, Pfeffer und optionalen Gewürzen nach Geschmack würzen.

6.Servieren: Die Linsensuppe in Schüsseln portionieren und nach Belieben mit frischen Kräutern garnieren. Heiß servieren.

Kalorien 250kcal Eiweiß 12g Kohlenhydrate 30g Fett 8g p/Portion

Hast du über Suppen gewusst ...

1. Flüssigkeit: Suppen bestehen hauptsächlich aus einer Flüssigkeit, wie Wasser, Brühe, Milch oder Sahne. Diese Flüssigkeit bildet die Basis der Suppe und trägt dazu bei, die Zutaten zu kochen und ihre Aromen zu extrahieren.

2. Zutaten: Suppen enthalten eine Vielzahl von Zutaten, darunter Gemüse, Fleisch, Fisch, Hülsenfrüchte, Getreide, Nudeln oder Reis. Die Auswahl der Zutaten variiert je nach Art der Suppe und kann saisonal, regional oder kulturell beeinflusst sein.

3. Konsistenz: Die Konsistenz von Suppen kann von dünnflüssig bis dick und cremig reichen. Sie kann durch die Art der verwendeten Zutaten, die Zubereitungsmethode (z.B. Pürieren) und die Zugabe von Bindemitteln wie Mehl, Stärke oder Eiern beeinflusst werden.

4. Aromen: Suppen können durch die Verwendung von Gewürzen, Kräutern, Zitrusfrüchten, Essigen und anderen aromatischen Zutaten vielschichtige Geschmacksprofile entwickeln. Die Aromen können subtil und ausgewogen oder kräftig und intensiv sein, je nach den Vorlieben des Kochs und der Art der Suppe.

5. Ernährung: Suppen können eine gesunde und ausgewogene Mahlzeit sein, da sie oft eine Vielzahl von Nährstoffen aus verschiedenen Zutaten enthalten. Sie können reich an Vitaminen, Mineralien, Ballaststoffen und Proteinen sein, insbesondere wenn sie mit frischem Gemüse, magerem Fleisch oder Hülsenfrüchten zubereitet werden.

6. Vielseitigkeit: Suppen sind äußerst vielseitig und können als Vorspeise, Hauptgericht oder Beilage serviert werden. Sie können warm oder kalt genossen werden und lassen sich leicht an persönliche Vorlieben und Ernährungsbedürfnisse anpassen.

Salate

Griechischer Salat

🍴 1 Portion

🕐 Vorbereitung 10 Minuten
Gesamtzeit: 10 Minuten

ZUTATEN

- 2 große Tomaten, in Scheiben geschnitten
- 1/2 rote Zwiebel, in dünnen Ringen
- 1/2 grüne Paprika, in Streifen geschnitten
- 1/2 rote Paprika, in Streifen geschnitten
- 1/2 gelbe Paprika, in Streifen geschnitten
- 1/2 Salatgurke, in Scheiben geschnitten
- 100 g Feta-Käse, in Würfel geschnitten
- 1/4 Tasse entkernte Kalamata-Oliven
- 2 Esslöffel Olivenöl extra vergine
- 1 Esslöffel Rotweinessig
- 1 Teelöffel getrockneter Oregano
- Salz und Pfeffer nach Geschmack
- Optional: frische Petersilie oder Basilikum zum Garnieren

ZUBEREITUNG

1.In einer großen Schüssel die Tomaten, Zwiebeln, Paprika, Gurken, Feta-Käse und Oliven vermischen.

2.In einer kleinen Schüssel Olivenöl, Rotweinessig, Oregano, Salz und Pfeffer vermischen, um das Dressing zuzubereiten.

3.Das Dressing über den Salat gießen und vorsichtig mischen, um alle Zutaten gleichmäßig zu bedecken.

4.Nach Geschmack mit frischer Petersilie oder Basilikum garnieren.

5.Sofort servieren und genießen!

Kalorien 220kcal Eiweiß 7g Kohlenhydrate 8g Fett 18g p/Portion

Caesar Salat

🍴 1 Portion

🕐 Vorbereitung 15 Minuten
Gesamtzeit: 15 Minuten

_____

ZUTATEN

- 1 Kopf Römersalat, gewaschen und in Stücke gezupft
- 2 Hähnchenbrustfilets, gegrillt oder gebraten, in Streifen geschnitten
- 1/4 Tasse geriebener Parmesankäse
- 1/4 Tasse Croutons (optional, für Low Carb Salat weglassen)
- 1/4 Tasse Caesar-Dressing (siehe unten für das Rezept)
- Salz und Pfeffer nach Geschmack

CAESAR-DRESSING

- 1/4 Tasse Mayonnaise
- 2 Esslöffel Zitronensaft
- 1 Esslöffel Worcestershire-Sauce
- 1 Teelöffel Anchovis-Paste oder 1 zerdrückte Anchovisfilet (optional)
- 1 Knoblauchzehe, gepresst
- 2 Esslöffel geriebener Parmesankäse
- Salz und Pfeffer nach Geschmack

ZUBEREITUNG

1.Den Römersalat in eine große Schüssel geben.

2.Die gegrillten oder gebratenen Hähnchenbruststreifen über den Salat legen.

3.Den geriebenen Parmesankäse und die Croutons (falls verwendet) über den Salat streuen.

4.Das Caesar-Dressing zubereiten, indem alle Zutaten in einer kleinen Schüssel vermischt werden.

5.Das Dressing über den Salat gießen und vorsichtig mischen, um alle Zutaten gleichmäßig zu bedecken.

6.Mit Salz und Pfeffer abschmecken.

7.Sofort servieren und genießen!

Kalorien 300kcal Eiweiß 28g Kohlenhydrate 2g Fett 20g p/Portion

Gemischter Blattsalat mit Avocado und Radieschen

🍴 1 Portion

🕐 Vorbereitung 10 Minuten
Gesamtzeit: 10 Minuten

ZUTATEN

- 4 Tassen gemischte Blattsalate (z.B. Rucola, Spinat, Feldsalat)
- 1 Avocado, entkernt und in Scheiben geschnitten
- 1 Tasse Radieschen, in dünnen Scheiben geschnitten
- 1/4 rote Zwiebel, in dünne Ringe geschnitten
- 1/4 Tasse gehackte Walnüsse (optional)
- 2 Esslöffel Olivenöl
- 1 Esslöffel Balsamico-Essig
- Salz und Pfeffer nach Geschmack

ZUBEREITUNG

1.Die gemischten Blattsalate auf einem Servierteller oder in einer Salatschüssel anrichten.

2.Die Avocado-, Radieschen- und Zwiebelringe über den Salat legen.

3.Optional die gehackten Walnüsse über den Salat streuen.

4.In einer kleinen Schüssel das Olivenöl und den Balsamico-Essig vermischen, um das Dressing zuzubereiten.

5.Das Dressing über den Salat gießen.

6.Mit Salz und Pfeffer würzen.

7.Vorsichtig mischen, um alle Zutaten gleichmäßig zu bedecken.

8.Sofort servieren und genießen!

Kalorien 250kcal Eiweiß 4g Kohlenhydrate 12g Fett 22g p/Portion

Thunfisch-Nicoise-Salat

🍴 1 Portion

🕐 Vorbereitung 15 Minuten
Kochzeit: 10 Minuten
Gesamtzeit 25 Minuten

ZUTATEN

- 200 g frischer Thunfisch
- 4 Eier
- 200 g grüne Bohnen, Enden abgeschnitten
- 200 g kleine Kartoffeln (optional, für Low Carb weglassen)
- 100 g Kirschtomaten, halbiert
- 1 kleine rote Zwiebel, in dünne Ringe geschnitten
- 50 g schwarze Oliven, entkernt
- 4 Blätter Kopfsalat oder Römersalat
- 2 Esslöffel Olivenöl
- 1 Esslöffel Rotweinessig
- 1 Teelöffel Dijon-Senf
- Salz und Pfeffer nach Geschmack

ZUBEREITUNG

1.Die Kartoffeln in Salzwasser kochen, bis sie weich sind. Abgießen und beiseite stellen.

2.Die Eier in kochendem Wasser hart kochen, dann abschrecken, schälen und vierteln.

3.Die grünen Bohnen in kochendem Salzwasser blanchieren, bis sie bissfest sind, dann in Eiswasser abkühlen lassen und abtropfen lassen.

4.Den Thunfisch mit Salz und Pfeffer würzen und in einer heißen Pfanne mit etwas Olivenöl von beiden Seiten anbraten, bis er außen goldbraun und innen noch rosa ist. In Scheiben schneiden.

5.In einer kleinen Schüssel Olivenöl, Rotweinessig, Dijon-Senf, Salz und Pfeffer zu einem Dressing verrühren.

6.Die Salatblätter auf einem Servierteller anrichten und die Kartoffeln, grünen Bohnen, Kirschtomaten, rote Zwiebeln, schwarze Oliven und Thunfischscheiben darauf verteilen.

7.Das Dressing über den Salat träufeln.

8.Mit den hart gekochten Eiern garnieren.

9.Sofort servieren und genießen!

Kalorien 350kcal Eiweiß 30g Kohlenhydrate 20g Fett 18g p/Portion

Spinat-Salat mit Erdbeeren und Mandeln

🍴 1 Portion

🕐 Vorbereitung 10 Minuten
Gesamtzeit 10 Minuten

ZUTATEN

- 150 g frischer Spinat
- 200 g Erdbeeren, halbiert oder geviertelt
- 1/4 Tasse Mandeln, gehackt oder ganz
- 50 g Fetakäse, zerbröckelt (optional)
- 2 Esslöffel Olivenöl
- 1 Esslöffel Balsamico-Essig
- 1 Teelöffel Honig oder Süßungsmittel nach Wahl (optional, für Low Carb weglassen)
- Salz und Pfeffer nach Geschmack

ZUBEREITUNG

1.Den frischen Spinat in eine große Salatschüssel geben.

2.Die halbierten oder geviertelten Erdbeeren über den Spinat legen.

3.Die gehackten oder ganzen Mandeln über den Salat streuen.

4.Optional den zerbröckelten Fetakäse über den Salat geben.

5.In einer kleinen Schüssel Olivenöl, Balsamico-Essig, Honig oder Süßungsmittel, Salz und Pfeffer zu einem Dressing verrühren.

6.Das Dressing über den Salat gießen.

7.Vorsichtig mischen, um alle Zutaten gleichmäßig zu bedecken.

8.Sofort servieren und genießen!

Kalorien 200kcal Eiweiß 6g Kohlenhydrate 10g Fett 15g p/Portion

Brokkoli-Salat mit Speck und Mandeln

🍴 1 Portion

🕐 Vorbereitung: 15 Minuten
Kochzeit: 5 Minuten
Gesamtzeit: 20 Minuten

ZUTATEN

- 1 mittelgroßer Kopf Brokkoli, in kleine Röschen geschnitten
- 100 g Speck, in kleine Stücke geschnitten
- 1/4 Tasse Mandeln, gehackt oder ganz
- 1/4 Tasse rote Zwiebel, fein gehackt
- 1/4 Tasse griechischer Joghurt
- 2 Esslöffel Mayonnaise
- 1 Esslöffel Apfelessig
- 1 Teelöffel Dijon-Senf
- 1 Teelöffel Erythrit (optional, für Low Carb-Salat)
- Salz und Pfeffer nach Geschmack

ZUBEREITUNG

1.Die Brokkoliröschen in kochendem Wasser blanchieren, bis sie bissfest sind, dann in Eiswasser abkühlen lassen und abtropfen lassen.

2.In einer Pfanne den Speck knusprig braten, dann auf einem mit Küchenpapier ausgelegten Teller abtropfen lassen.

3.Die gehackten Mandeln in einer trockenen Pfanne goldbraun rösten.

4.In einer kleinen Schüssel den griechischen Joghurt, die Mayonnaise, den Apfelessig, den Dijon-Senf und das Erythrit (falls verwendet) zu einem Dressing verrühren.

5.Die abgetropften Brokkoliröschen, den knusprigen Speck, die gerösteten Mandeln und die fein gehackte rote Zwiebel in eine große Salatschüssel geben.

6.Das Dressing über die Brokkolimischung gießen und vorsichtig mischen, um alle Zutaten gleichmäßig zu bedecken.

7.Mit Salz und Pfeffer abschmecken.

8.Sofort servieren und genießen!

Kalorien 250kcal Eiweiß 10g Kohlenhydrate 8g Fett 20g p/Portion

Cobb-Salat

🍴 1 Portion

🕐 Vorbereitung: 15 Minuten
Gesamtzeit: 15 Minuten

ZUTATEN

- 4 Tassen gemischte Blattsalate (z.B. Römersalat, Eisbergsalat)
- 2 gekochte Hähnchenbrustfilets, gewürfelt
- 4 Scheiben Speck, gekocht und zerbröckelt
- 2 hart gekochte Eier, gehackt
- 1 Avocado, entkernt und in Scheiben geschnitten
- 1 Tasse Kirschtomaten, halbiert
- 1/2 Tasse Blauschimmelkäse, zerbröckelt
- 2 Esslöffel Olivenöl
- 1 Esslöffel Rotweinessig
- 1 Teelöffel Dijon-Senf
- Salz und Pfeffer nach Geschmack

ZUBEREITUNG

1.Die gemischten Blattsalate auf einem großen Servierteller oder in einer Salatschüssel anrichten.

2.Die gewürfelten Hähnchenbrustfilets, zerbröckelten Speck, gehackten hart gekochten Eier, Avocadoscheiben, halbierten Kirschtomaten und zerbröckelten Blauschimmelkäse auf den Salat legen, dabei die Zutaten in Streifen oder Reihen anordnen.

3.In einer kleinen Schüssel Olivenöl, Rotweinessig, Dijon-Senf, Salz und Pfeffer zu einem Dressing verrühren.

4.Das Dressing über den Salat gießen.

5.Vorsichtig mischen, um alle Zutaten gleichmäßig zu bedecken.

6.Sofort servieren und genießen!

Kalorien 400kcal Eiweiß 25g Kohlenhydrate 10g Fett 30g p/Portion

Spargel-Salat mit Ei und Parmesan

🍴 1 Portion

🕐 Vorbereitung: 10 Minuten
Kochzeit: 10 Minuten
Gesamtzeit: 20 Minuten

ZUTATEN

- 500 g grüner Spargel, holzige Enden entfernt
- 4 Eier
- 50 g Parmesan, gehobelt
- 2 Esslöffel Olivenöl
- 1 Esslöffel Balsamico-Essig
- 1 Teelöffel Dijon-Senf
- Salz und Pfeffer nach Geschmack
- Frische Kräuter (z.B. Petersilie, Schnittlauch) zum Garnieren

ZUBEREITUNG

1.Den grünen Spargel in kochendem Salzwasser 2-3 Minuten blanchieren, bis er bissfest ist. Dann in Eiswasser abkühlen lassen und abtropfen lassen.

2.Die Eier in kochendem Wasser hart kochen, dann abschrecken, schälen und vierteln.

3.Den gehobelten Parmesan auf einem Servierteller oder in einer Salatschüssel verteilen.

4.Den abgetropften Spargel und die hart gekochten Eier über den Parmesan legen.

5.In einer kleinen Schüssel Olivenöl, Balsamico-Essig, Dijon-Senf, Salz und Pfeffer zu einem Dressing verrühren.

6.Das Dressing über den Salat gießen.

7.Mit frischen Kräutern garnieren.

8.Sofort servieren und genießen!

Kalorien 220kcal Eiweiß 14g Kohlenhydrate 6g Fett 16g p/Portion

Gurkensalat

🍴 1 Portion

🕐 Vorbereitung: 10 Minuten
Gesamtzeit: 10 Minuten

ZUTATEN

- 2 große Gurken
- 1 kleine rote Zwiebel
- 2 Esslöffel gehackte frische Petersilie oder Dill (optional)
- 2 Esslöffel Olivenöl
- 2 Esslöffel Weißweinessig oder Apfelessig
- Salz und Pfeffer nach Geschmack

ZUBEREITUNG

1. Die Gurken waschen, schälen (optional) und in dünne Scheiben schneiden. Die Zwiebel schälen und in dünne Ringe schneiden.

2. Die geschnittenen Gurken und Zwiebelringe in eine große Schüssel geben.

3. Gehackte Petersilie oder Dill hinzufügen (falls verwendet).

4. In einer kleinen Schüssel Olivenöl und Essig vermischen. Mit Salz und Pfeffer abschmecken.

5. Das Dressing über die Gurken und Zwiebeln gießen und vorsichtig vermengen, bis alles gleichmäßig verteilt ist.

6. Den Gurkensalat für etwa 10 Minuten ziehen lassen, damit sich die Aromen verbinden.

7. Vor dem Servieren nochmals abschmecken und nach Bedarf nachwürzen.

Kalorien 80kcal Eiweiß 1g Kohlenhydrate 4g Fett 7g p/Portion

Radicchio-Endivien-Salat mit Walnüssen und Blauschimmelkäse

🍴 1 Portion

🕐 Vorbereitung: 10 Minuten
Gesamtzeit: 10 Minuten

ZUTATEN

- 1 Kopf Radicchio-Salat
- 1 Kopf Endiviensalat
- 50 g Walnusskerne
- 50 g Blauschimmelkäse, zerbröckelt
- 2 Esslöffel Olivenöl
- 1 Esslöffel Balsamico-Essig
- Salz und Pfeffer nach Geschmack

ZUBEREITUNG

1.Den Radicchio- und Endivien-Salat waschen und trocken tupfen. Die Blätter grob zerkleinern und in eine große Salatschüssel geben.

2.Die Walnusskerne grob hacken und über den Salat streuen.

3.Den Blauschimmelkäse über den Salat bröckeln.

4.In einer kleinen Schüssel Olivenöl und Balsamico-Essig vermischen, um das Dressing zuzubereiten.

5.Das Dressing über den Salat gießen.

6.Mit Salz und Pfeffer würzen und vorsichtig mischen, um alle Zutaten gleichmäßig zu bedecken.

7.Sofort servieren und genießen!

Kalorien 250kcal Eiweiß 7g Kohlenhydrate 5g Fett 22g p/Portion

Garnelen-Avocado-Salat

🍴 1 Portion

🕐 Vorbereitung: 10 Minuten
Kochzeit: 5 Minuten
Gesamtzeit: 15 Minuten

ZUTATEN

- 200 g Garnelen, geschält und entdarmt
- 1 reife Avocado, in Würfel geschnitten
- 1 kleine rote Zwiebel, fein gehackt
- 1 kleine rote Paprika, in Würfel geschnitten
- 1 Handvoll Kirschtomaten, halbiert
- Saft einer Limette
- 2 Esslöffel Olivenöl
- 1 Esslöffel gehackte frische Petersilie oder Koriander
- Salz und Pfeffer nach Geschmack
- Optional: Chiliflocken für etwas Schärfe

ZUBEREITUNG

1. Die Garnelen in einer Pfanne mit etwas Olivenöl 2-3 Minuten pro Seite anbraten, bis sie rosa und durchgegart sind. Zur Seite legen und abkühlen lassen.

2. Die Avocado, rote Zwiebel, rote Paprika und Kirschtomaten in eine große Salatschüssel geben.

3. Den Saft einer Limette über das Gemüse gießen und vorsichtig mischen, um alles zu kombinieren.

4. Die abgekühlten Garnelen zu dem Salat geben.

5. In einer kleinen Schüssel Olivenöl, gehackte Petersilie oder Koriander, Salz, Pfeffer und nach Wunsch Chiliflocken zu einem Dressing verrühren.

6. Das Dressing über den Salat gießen und vorsichtig vermischen, bis alles gleichmäßig verteilt ist.

7. Sofort servieren und genießen!

Kalorien 300kcal Eiweiß 25g Kohlenhydrate 10g Fett 20g p/Portion

Hühnchen-Avocado-Salat

🍴 1 Portion

🕐 Vorbereitung: 10 Minuten
Kochzeit: 15 Minuten
Gesamtzeit: 25 Minuten

ZUTATEN

- 2 Hähnchenbrustfilets
- 2 reife Avocados, in Würfel geschnitten
- 1 kleine rote Zwiebel, fein gehackt
- 1 Handvoll Kirschtomaten, halbiert
- Saft einer Limette
- 2 Esslöffel Olivenöl
- 1 Esslöffel gehackte frische Petersilie oder Koriander
- Salz und Pfeffer nach Geschmack

ZUBEREITUNG

1.Die Hähnchenbrustfilets mit Salz und Pfeffer würzen und in einer Pfanne mit etwas Olivenöl von beiden Seiten goldbraun braten, bis sie durchgegart sind. Abkühlen lassen und dann in Würfel schneiden.

2.Die Avocados, rote Zwiebeln und Kirschtomaten in eine große Salatschüssel geben.

3.Den Saft einer Limette über das Gemüse gießen und vorsichtig mischen, um alles zu kombinieren.

4.Die gewürfelten Hähnchenbrustfilets zu dem Salat geben.

5.In einer kleinen Schüssel Olivenöl, gehackte Petersilie oder Koriander, Salz und Pfeffer zu einem Dressing verrühren.

6.Das Dressing über den Salat gießen und vorsichtig vermischen, bis alles gleichmäßig verteilt ist.

7.Sofort servieren und genießen!

Kalorien 400kcal Eiweiß 35g Kohlenhydrate 10g Fett 10g p/Portion

Ruccolasalat

🍴 1 Portion

🕐 Vorbereitung: 10 Minuten
Gesamtzeit: 10 Minuten

ZUTATEN

- 150 g Rucola
- 1 Handvoll Kirschtomaten, halbiert
- 1/4 rote Zwiebel, in dünnen Scheiben
- 50 g Parmesan, gehobelt oder gerieben
- 2 Esslöffel Olivenöl
- 1 Esslöffel Balsamico-Essig
- Salz und Pfeffer nach Geschmack

ZUBEREITUNG

1.Den Rucola waschen und trocken tupfen. In eine große Salatschüssel geben.

2.Die halbierten Kirschtomaten und die dünn geschnittenen roten Zwiebeln über den Rucola geben.

3.Den gehobelten oder geriebenen Parmesan über den Salat streuen.

4.In einer kleinen Schüssel Olivenöl und Balsamico-Essig vermischen, um das Dressing zuzubereiten.

5.Das Dressing über den Salat gießen.

6.Mit Salz und Pfeffer würzen und vorsichtig mischen, bis alles gleichmäßig verteilt ist.

7.Sofort servieren und genießen!

Kalorien 200kcal Eiweiß 8g Kohlenhydrate 5g Fett 15g p/Portion

Lachssalat

🍴 1 Portion

🕐 Vorbereitung: 10 Minuten
Gesamtzeit: 10 Minuten

ZUTATEN

- 200 g geräucherter Lachs, in Stücke zerteilt
- 150 g gemischter grüner Salat (z.B. Rucola, Spinat)
- 1 Avocado, in Scheiben geschnitten
- 1/4 rote Zwiebel, in dünnen Scheiben
- 1 Handvoll Kirschtomaten, halbiert
- 2 Esslöffel Olivenöl
- 1 Esslöffel Zitronensaft
- Salz und Pfeffer nach Geschmack
- Frische Kräuter (z.B. Dill, Petersilie) zum Garnieren

ZUBEREITUNG

1.Den gemischten grünen Salat auf einem Servierteller oder in einer Salatschüssel anrichten.

2.Die Avocado-Scheiben, roten Zwiebeln und halbierten Kirschtomaten über den Salat legen.

3.Die Stücke geräucherter Lachs auf den Salat verteilen.

4.In einer kleinen Schüssel Olivenöl und Zitronensaft vermischen, um das Dressing zuzubereiten.

5.Das Dressing über den Salat gießen.

6.Mit Salz und Pfeffer würzen und vorsichtig mischen, bis alles gleichmäßig verteilt ist.

7.Mit frischen Kräutern garnieren.

8.Sofort servieren und genießen!

Kalorien 350kcal Eiweiß 25g Kohlenhydrate 10g Fett 25g p/Portion

Hast du über Salate gewusst ...

1. Reich an Nährstoffen: Salate enthalten oft eine Vielzahl von Gemüsesorten, die reich an Vitaminen, Mineralstoffen und Antioxidantien sind, die für eine gute Gesundheit wichtig sind.

2. Ballaststoffe: Viele Salatzutaten, wie Blattgemüse, Gurken und Tomaten, sind reich an Ballaststoffen, die die Verdauung fördern, das Sättigungsgefühl unterstützen und den Blutzuckerspiegel stabilisieren können.

3. Niedriger Kaloriengehalt: Salate sind in der Regel kalorienarm, insbesondere wenn sie mit viel Gemüse zubereitet werden. Das bedeutet, dass man große Portionen essen kann, ohne sich übermäßig Sorgen um die Kalorienzufuhr machen zu müssen.

4. Hydratation: Viele Salatzutaten haben einen hohen Wassergehalt, was dazu beiträgt, den Körper hydratisiert zu halten.

5. Vielfalt und Kreativität: Die Vielfalt an Zutaten ermöglicht es, Salate immer wieder neu zu gestalten und an individuelle Vorlieben anzupassen. Von grünen Salaten bis zu kreativen Kombinationen mit Obst, Nüssen, Käse und Proteinquellen gibt es unendlich viele Möglichkeiten.

6. Leicht verdaulich: Salate sind in der Regel leicht verdaulich, was sie zu einer guten Wahl für Menschen mit empfindlichem Magen oder Verdauungsproblemen macht.

7. Schnelle Zubereitung: Die meisten Salate erfordern nur wenig Zubereitungszeit und können schnell und einfach zubereitet werden, was sie zu einer praktischen Option für jede Mahlzeit macht.

8. Alles in allem sind Salate eine leckere und vielseitige Möglichkeit, eine große Vielfalt an Nährstoffen in einer Mahlzeit zu genießen und gleichzeitig das Gefühl von Leichtigkeit und Frische zu vermitteln.

Vorspeisen

Gurkenscheiben mit Frischkäse

🍴 1 Portion

🕐 Vorbereitung: 10 Minuten
Gesamtzeit: 10 Minuten

ZUTATEN

- 1 große Gurke
- 100 g Frischkäse (natur oder gewürzt)
- Frische Kräuter (z.B. Schnittlauch, Petersilie) zum Garnieren (optional)
- Salz und Pfeffer nach Geschmack

ZUBEREITUNG

1.Die Gurke waschen und in dünne Scheiben schneiden.

2.Den Frischkäse gleichmäßig auf den Gurkenscheiben verteilen.

3.Mit Salz und Pfeffer würzen.

4.Optional mit frischen Kräutern garnieren.

5.Sofort servieren und genießen!

Kalorien 60kcal Eiweiß 2g Kohlenhydrate 2g Fett 5g p/Portion

Avocado-Hummus

🍴 2 Portionen

🕐 Vorbereitung: 10 Minuten
Gesamtzeit: 10 Minuten

ZUTATEN

- 1 reife Avocado
- 1 Dose Kichererbsen (400 g), abgetropft und gespült
- 2 Knoblauchzehen, gehackt
- 3 Esslöffel Tahini (Sesampaste)
- Saft von 1 Zitrone
- 2 Esslöffel Olivenöl
- 1 Teelöffel Kreuzkümmel
- Salz und Pfeffer nach Geschmack
- Optional: frische Kräuter (z.B. Petersilie) zum Garniere

ZUBEREITUNG

1. Die Avocado halbieren, den Kern entfernen und das Fruchtfleisch mit einem Löffel herauslösen.

2. Die Kichererbsen, gehackten Knoblauch, Tahini, Zitronensaft, Olivenöl und Kreuzkümmel in einen Mixer geben.

3. Das Avocado-Fruchtfleisch hinzufügen und alles zu einer cremigen Konsistenz pürieren. Bei Bedarf etwas Wasser hinzufügen, um die gewünschte Konsistenz zu erreichen.

4. Mit Salz und Pfeffer abschmecken.

5. Den Avocado-Hummus in eine Servierschüssel geben, mit etwas Olivenöl beträufeln und nach Belieben mit frischen Kräutern garnieren.

6. Sofort servieren oder im Kühlschrank kalt stellen, bis zum Servieren.

Kalorien 120kcal Eiweiß 3g Kohlenhydrate 7g Fett 9g /Portion ca. 2 Esslöffel

Tomaten-Mozzarella-Spieße

🍴 2 Portionen

🕐 Vorbereitung: 10 Minuten
Gesamtzeit: 10 Minuten

ZUTATEN

- 1 Packung Kirschtomaten
- 1 Packung Mini-Mozzarella-Kugeln
- Frische Basilikumblätter
- Olivenöl extra vergine
- Balsamico-Glaze (optional)
- Salz und Pfeffer nach Geschmack

ZUBEREITUNG

1. Waschen Sie die Kirschtomaten und schneiden Sie sie einmal durch.

2. Nehmen Sie die Mini-Mozzarella-Kugeln aus der Verpackung.

3. Nehmen Sie ein Basilikumblatt und falten Sie es in der Mitte.

4. Nehmen Sie einen Cocktailspieß und stecken Sie zuerst ein Basilikumblatt, dann eine halbierte Tomate und schließlich eine Mini-Mozzarella-Kugel darauf.

5. Wiederholen Sie diesen Vorgang, bis alle Zutaten verwendet sind.

6. Legen Sie die fertigen Spieße auf eine Servierplatte und beträufeln Sie sie mit Olivenöl extra vergine.

7. Optional: Mit Balsamico-Glaze beträufeln und mit Salz und Pfeffer nach Geschmack würzen.

8. Sofort servieren und genießen!

Kalorien 100kcal Eiweiß 6g Kohlenhydrate 3g Fett 7g /Portion ca. 2 Spieße

Gefüllte Champignons mit Spinat und Feta

🍴 5 Portionen

🕐 Vorbereitung: 15 Minuten
Kochzeit: 15 Minuten
Gesamtzeit: 30 Minuten

ZUTATEN

- 10 große Champignons
- 200 g frischer Spinat
- 100 g Feta-Käse, zerbröckelt
- 2 Knoblauchzehen, gehackt
- 2 Esslöffel Olivenöl
- Salz und Pfeffer nach Geschmack
- Optional: frische Kräuter zum Garnieren

ZUBEREITUNG

1.Den Backofen auf 180ºC vorheizen.

2.Die Champignons vorsichtig mit einem Pinsel oder einem feuchten Tuch reinigen. Die Stiele vorsichtig entfernen und die Pilzköpfe beiseite legen.

3.Den frischen Spinat gründlich waschen und grob hacken.

4.In einer Pfanne das Olivenöl erhitzen und den gehackten Knoblauch hinzufügen. Kurz anbraten, bis er duftet.

5.Den gehackten Spinat hinzufügen und für etwa 3-5 Minuten kochen, bis er zusammengefallen ist. Mit Salz und Pfeffer abschmecken.

6.Die Champignonköpfe auf ein mit Backpapier ausgelegtes Backblech legen. Die Spinatmischung gleichmäßig in die Pilzköpfe füllen.

7.Den zerbröckelten Feta über die gefüllten Champignons streuen.

8.Die gefüllten Champignons für etwa 15 Minuten im Backofen backen, bis der Feta goldbraun ist.

9.Die gefüllten Champignons aus dem Ofen nehmen, mit frischen Kräutern garnieren (falls gewünscht) und servieren.

Kalorien 100kcal Eiweiß 6g Kohlenhydrate 3g Fett 7g /Portion ca. 2 gefüllte Champignon

Gurken-Rollen mit Lachs

🍴 2 Portionen

🕐 Vorbereitung: 15 Minuten
Gesamtzeit: 15 Minuten

ZUTATEN

- 1 große Gurke
- 100 g geräucherter Lachs
- 50 g Frischkäse (natur oder gewürzt)
- Frische Dillzweige zum Garnieren (optional)
- Salz und Pfeffer nach Geschmack

ZUBEREITUNG

1.Die Gurke waschen und längs in dünne Streifen schneiden (idealerweise mit einem Gemüseschäler oder einem Mandolinenschneider).

2.Die Gurkenstreifen auf einer sauberen Oberfläche auslegen und leicht mit einem Papiertuch abtupfen, um überschüssige Feuchtigkeit zu entfernen.

3.Den Frischkäse gleichmäßig auf den Gurkenstreifen verteilen.

4.Den geräucherten Lachs auf die mit Frischkäse bestrichenen Gurkenstreifen legen.

5.Mit Salz und Pfeffer würzen.

6.Die Gurkenstreifen vorsichtig aufrollen und mit einem Zahnstocher fixieren.

7.Die Gurken-Rollen auf einer Servierplatte anrichten, mit frischen Dillzweigen garnieren (falls gewünscht) und sofort servieren.

Kalorien 120kcal Eiweiß 9g Kohlenhydrate 3g Fett 8g p/Portion ca. 4 Rollen

*Eier gefüllt mit Avocado
und Thunfisch*

🍴 4 Portionen

🕐 Vorbereitung: 15 Minuten
Gesamtzeit: 15 Minuten

ZUTATEN

- 4 hart gekochte Eier
- 1 reife Avocado
- 1 Dose Thunfisch im eigenen Saft, abgetropft
- Saft von 1 Zitrone
- Salz und Pfeffer nach Geschmack
- Optional: frische Kräuter zum Garnieren (z.B. Petersilie oder Koriander)

ZUBEREITUNG

1.Die hart gekochten Eier schälen und längs halbieren. Die Eigelb vorsichtig entfernen und in eine Schüssel geben.

2.Die reife Avocado halbieren, den Kern entfernen und das Fruchtfleisch mit einem Löffel herauslösen. Das Avocado-Fruchtfleisch zu den Eigelb geben.

3.Den abgetropften Thunfisch ebenfalls zur Schüssel hinzufügen.

4.Den Zitronensaft über die Eigelb, Avocado und Thunfisch geben. Mit Salz und Pfeffer würzen.

5.Alles gut vermischen und zu einer cremigen Füllung zerdrücken.

6.Die Eiweißhälften mit der Avocado-Thunfisch-Mischung füllen und mit frischen Kräutern garnieren (falls gewünscht).

7.Sofort servieren oder bis zum Servieren im Kühlschrank kalt stellen.

Kalorien 180kcal Eiweiß 14g Kohlenhydrate 4g Fett 12g p/Portion ca. 2 Eihälften

Gebackener Camembert mit Walnüssen

🍴 1 Portion/ ca. 50 g Camembert

🕐 Vorbereitung: 5 Minuten
Backzeit: 10-12 Minuten
Gesamtzeit: 15-17 Minuten

ZUTATEN

- 1 Camembert-Rad (ca. 200 g)
- 50 g Walnüsse, grob gehackt
- 1 Esslöffel Olivenöl
- Frische Rosmarinzweige
- Optional: Cranberry-Sauce oder Preiselbeermarmelade zum Servieren

ZUBEREITUNG

1.Den Backofen auf 200°C vorheizen.

2.Den Camembert aus der Verpackung nehmen und die Oberseite des Käselaibs mit einem scharfen Messer kreuzweise einschneiden.

3.Die grob gehackten Walnüsse in einer kleinen Schüssel mit dem Olivenöl vermengen.

4.Die Walnussmischung auf den eingeschnittenen Camembert verteilen.

5.Einige frische Rosmarinzweige auf den Camembert legen.

6.Den gebackenen Camembert auf ein mit Backpapier ausgelegtes Backblech legen und für 10-12 Minuten backen, bis der Käse weich ist und die Nüsse leicht gebräunt sind.

7.Den gebackenen Camembert aus dem Ofen nehmen und mit Cranberry-Sauce oder Preiselbeermarmelade servieren, falls gewünscht.

8.Sofort servieren und genießen!

Kalorien 250kcal Eiweiß 14g Kohlenhydrate 2g Fett 20g p/Portion ca. 50g Camembert

Gefüllte Paprikahälften mit Hüttenkäse

🍴 4 Portionen

🕐 Vorbereitung: 15 Minuten
Kochzeit: 0 Minuten
Gesamtzeit: 15 Minuten

ZUTATEN

- 2 große Paprikaschoten (vorzugsweise gelb oder rot)
- 150 g Hüttenkäse
- 1 Frühlingszwiebel, fein gehackt
- 1 kleine Tomate, gewürfelt
- 1 Teelöffel Olivenöl
- Salz und Pfeffer nach Geschmack
- Frische Petersilie zum Garnieren (optional)

ZUBEREITUNG

1.Die Paprikaschoten halbieren und die Kerne und die weißen Membranen entfernen. Die Paprikahälften gründlich waschen und trocken tupfen.

2.In einer Schüssel den Hüttenkäse mit der fein gehackten Frühlingszwiebel und den gewürfelten Tomaten vermischen. Mit Salz und Pfeffer würzen.

3.Die Paprikahälften mit der Hüttenkäse-Mischung füllen und gleichmäßig verteilen.

4.Die gefüllten Paprikahälften auf einem Teller anrichten und mit einem Hauch Olivenöl beträufeln.

5.Nach Belieben mit frischer Petersilie garnieren.

6.Sofort servieren und genießen!

Kalorien 70kcal Eiweiß 5g Kohlenhydrate 6g Fett 3g p/gefüllte Paprikahälfte

Garnelenspieße mit Gemüse

🍴 4 Portionen

🕐 Vorbereitung: 20 Minuten
Kochzeit: 10 Minuten
Gesamtzeit: 30 Minuten

ZUTATEN

- 200 g Garnelen, roh und geschält
- 1 rote Paprika
- 1 gelbe Paprika
- 1 Zucchini
- 1 Zitrone, in Scheiben geschnitten
- 2 Esslöffel Olivenöl
- 2 Knoblauchzehen, gehackt
- Frische Petersilie, gehackt
- Salz und Pfeffer nach Geschmack
- Optional: Paprikapulver, Kreuzkümmel oder andere Gewürze nach Geschmack

ZUBEREITUNG

1.Die Garnelen waschen und trocken tupfen. Auf Holzspieße stecken und beiseite legen.

2.Die roten und gelben Paprikaschoten sowie die Zucchini in gleichmäßige Stücke schneiden, die gut auf die Spieße passen.

3.Die Garnelenspieße abwechselnd mit den Gemüsestücken aufspießen. Jeweils mit einer Zitronenscheibe abschließen.

4.Den Knoblauch fein hacken und mit dem Olivenöl vermischen. Nach Geschmack mit Salz und Pfeffer sowie optionalen Gewürzen würzen.

5.Die Garnelenspieße mit der Knoblauch-Öl-Mischung bestreichen oder beträufeln.

6.Eine Grillpfanne oder einen Grill vorheizen und die Garnelenspieße etwa 3-4 Minuten pro Seite grillen, bis die Garnelen rosa und durchgegart sind und das Gemüse schön geröstet ist.

7.Die Garnelenspieße auf einem Teller anrichten, mit frisch gehackter Petersilie bestreuen und sofort servieren.

Kalorien 200kcal Eiweiß 20g Kohlenhydrate 10g Fett 10g p/ 2 Spieße

Gemüsesticks mit Guacamole

🍴 4 Portionen

🕐 Vorbereitung: 15 Minuten
Gesamtzeit: 15 Minuten

ZUTATEN

- 2 reife Avocados
- 1 Tomate, entkernt und gewürfelt
- 1/4 Zwiebel, fein gehackt
- 1 Knoblauchzehe, gepresst
- Saft von 1 Limette
- Salz und Pfeffer nach Geschmack
- Gemüsesticks (z.B. Möhren, Paprika, Sellerie, Gurke)

ZUBEREITUNG

1. Die Avocados halbieren, den Kern entfernen und das Fruchtfleisch mit einem Löffel herauslösen. In eine Schüssel geben.

2. Die Avocado mit einer Gabel zerdrücken, bis eine cremige Konsistenz entsteht.

3. Die gewürfelte Tomate, gehackte Zwiebel, gepresste Knoblauchzehe und den Saft einer Limette zur Avocadomasse hinzufügen. Gut vermengen.

4. Mit Salz und Pfeffer abschmecken.

5. Die Gemüsesticks vorbereiten, indem Sie sie in Sticks schneiden.

6. Die Guacamole in eine Servierschüssel geben und mit den Gemüsesticks servieren.

7. Sofort servieren und genießen!

Kalorien 200kcal Eiweiß 4g Kohlenhydrate 15g Fett 16g p/ 1/4 der Guacamole

Räucherlachsrollen mit Frischkäse

🍴 4 Portionen

🕐 Vorbereitung: 15 Minuten
Gesamtzeit: 15 Minuten

ZUTATEN

- 100 g Räucherlachs (in dünnen Scheiben)
- 100 g Frischkäse (natur oder gewürzt)
- 1/2 Gurke (geschält und in dünne Streifen geschnitten)
- 1/4 rote Paprika (in dünne Streifen geschnitten)
- Frische Dillzweige zum Garnieren (optional)
- Salz und Pfeffer nach Geschmack

ZUBEREITUNG

1.Die dünnen Scheiben Räucherlachs auf einer sauberen Arbeitsfläche auslegen.

2.Den Frischkäse gleichmäßig auf den Räucherlachs-Scheiben verteilen.

3.Die dünnen Gurken- und Paprikastreifen auf den mit Frischkäse bestrichenen Lachsscheiben platzieren.

4.Mit Salz und Pfeffer würzen.

5.Die Räucherlachs-Scheiben vorsichtig zu Rollen aufrollen.

6.Die Räucherlachsrollen in etwa 2 cm dicke Scheiben schneiden.

7.Die Räucherlachsrollen auf einer Servierplatte anrichten und mit frischen Dillzweigen garnieren (falls gewünscht).

8.Sofort servieren und genießen!

Kalorien 150kcal Eiweiß 12g Kohlenhydrate 3g Fett 10g p/ 4 Rollen

Gebackene Zucchinischeiben mit Parmesan

🍴 4 Portionen

🕐 Vorbereitung: 10 Minuten
Kochzeit: 15-20 Minuten
Gesamtzeit: 25-30 Minuten

ZUTATEN

- 2 mittelgroße Zucchini
- 2 Esslöffel Olivenöl
- 1/2 Tasse geriebener Parmesan
- 1 Teelöffel Knoblauchpulver
- 1 Teelöffel getrocknete italienische Kräuter (z.B. Oregano, Basilikum, Thymian)
- Salz und Pfeffer nach Geschmack
- Frische Petersilie zum Garnieren (optional)

ZUBEREITUNG

1.Den Backofen auf 200°C vorheizen und ein Backblech mit Backpapier auslegen.

2.Die Zucchini waschen und in dünne Scheiben schneiden.

3.Die Zucchinischeiben in einer Schüssel mit Olivenöl vermengen, bis sie gleichmäßig bedeckt sind.

4.In einer separaten Schüssel den geriebenen Parmesan, Knoblauchpulver, getrocknete Kräuter, Salz und Pfeffer vermischen.

5.Jede Zucchinischeibe großzügig mit der Parmesanmischung bestreuen und auf das vorbereitete Backblech legen.

6.Die Zucchinischeiben im vorgeheizten Ofen 15-20 Minuten backen, bis sie goldbraun und knusprig sind.

7.Die gebackenen Zucchinischeiben aus dem Ofen nehmen und mit frisch gehackter Petersilie garnieren (falls gewünscht).

8.Sofort servieren und genießen!

Kalorien 150kcal Eiweiß 8g Kohlenhydrate 6g Fett 11g p/ 1/4 der Zucchinischeiben

Hast du über Vorspeisen gewusst ...

1. Vorspeisen haben verschiedene Eigenschaften, die sie als ersten Gang einer Mahlzeit auszeichnen:

2. Appetitanregend: Vorspeisen sollen den Appetit anregen und den Gaumen auf das folgende Essen vorbereiten.

3. Kleinportioniert: Sie sind typischerweise in kleinen Portionen serviert, um den Hunger anzukurbeln, ohne die Hauptmahlzeit vorwegzunehmen.

4. Vielfältig: Vorspeisen können eine Vielzahl von Geschmacksrichtungen und Texturen aufweisen, von leichten Salaten bis zu herzhaften Suppen oder knusprigen Snacks.

5. Diverse Zutaten: Sie können aus einer breiten Palette von Zutaten hergestellt werden, einschließlich Gemüse, Fleisch, Fisch, Meeresfrüchten, Käse, Nüssen und Früchten.

6. Kreativität: Vorspeisen bieten Köchen die Möglichkeit, kreativ zu werden und innovative Geschmackskombinationen zu erkunden.

7. Optische Anziehungskraft: Sie werden oft ansprechend präsentiert, um den visuellen Appetit zu wecken und das Essen zu einem ästhetischen Erlebnis zu machen.

8. Temperatur: Vorspeisen können warm, kalt oder bei Raumtemperatur serviert werden, je nachdem, welchen Effekt der Koch erzielen möchte.

9. Geschmacksverstärker: Sie können verwendet werden, um den Geschmack der Hauptgerichte zu ergänzen oder zu verbessern, indem sie Kontraste oder harmonische Ergänzungen bieten.

10. Geselligkeit: Vorspeisen werden oft in sozialen Situationen oder beim gemeinsamen Essen serviert und tragen zur Geselligkeit bei, indem sie den Gästen die Möglichkeit geben, sich zu unterhalten und zu teilen.

11. Tradition und Kultur: Vorspeisen können stark von regionalen Traditionen und kulturellen Vorlieben beeinflusst werden und sind oft ein Spiegelbild.

Hauptgerichte mit Fleisch

Gebackenes Hähnchen mit Brokkoli

🍴 1 Portion

🕐 Vorbereitung: 10 Minuten
Backzeit: 20 - 25 Minuten
Gesamtzeit: 30 - 35 Minuten

ZUTATEN

- 2 Hähnchenbrustfilets
- 2 Tassen Brokkoliröschen
- 2 EL Olivenöl
- 2 Knoblauchzehen, gehackt
- 1 TL Paprikapulver
- Salz und Pfeffer nach Geschmack
- Frische Petersilie, gehackt (optional)

ZUBEREITUNG

1.Den Ofen auf 200°C vorheizen und ein Backblech mit Backpapier auslegen.

2.Die Hähnchenbrustfilets waschen, trocken tupfen und auf das vorbereitete Backblech legen.

3.Die Brokkoliröschen um das Hähnchen herum auf dem Blech verteilen.

4.In einer kleinen Schüssel das Olivenöl, den gehackten Knoblauch, Paprikapulver, Salz und Pfeffer vermischen.

5.Die Ölmischung über das Hähnchen und den Brokkoli gießen und gleichmäßig verteilen.

6.Das Blech in den vorgeheizten Ofen geben und das Hähnchen mit Brokkoli für etwa 20-25 Minuten backen, bis das Hähnchen durchgegart ist und der Brokkoli weich ist.

7.Sobald das Hähnchen und der Brokkoli fertig sind, das Gericht optional mit frischer gehackter Petersilie bestreuen.

8.Das gebackene Hähnchen mit Brokkoli heiß servieren und genießen!

Kalorien 320kcal Eiweiß 35g Kohlenhydrate 5g Fett 18g p/ Portion

Rinderfiletsteak mit Röstgemüse

🍴 2 Portionen

🕐 Vorbereitung: 10 Minuten
Backzeit: 20 - 25 Minuten
Gesamtzeit: 30 - 35 Minuten

ZUTATEN

- 2 Rinderfiletsteaks (je ca. 200 g)
- 2 EL Olivenöl
- Salz und Pfeffer nach Geschmack
- 2 Tassen gemischtes Gemüse (z. B. Paprika, Zucchini, Aubergine), in Stücke geschnitten
- 2 Knoblauchzehen, gehackt
- Frische Kräuter (z. B. Rosmarin, Thymian), gehackt (optional)

ZUBEREITUNG

1.Den Ofen auf 200°C vorheizen.

2.Die Rinderfiletsteaks mit Salz und Pfeffer würzen.

3.In einer Pfanne das Olivenöl erhitzen und die Rinderfiletsteaks von beiden Seiten jeweils 2-3 Minuten anbraten, bis sie eine schöne Bräunung bekommen haben.

4.Währenddessen das Gemüse in eine Auflaufform geben, den gehackten Knoblauch darüber streuen und mit Salz, Pfeffer und optionalen Kräutern würzen.

5.Die angebratenen Rinderfiletsteaks auf das Gemüse legen.

6.Die Auflaufform in den vorgeheizten Ofen geben und das Rinderfiletsteak mit Röstgemüse für weitere 15-20 Minuten backen, je nach gewünschtem Garheitsgrad des Fleisches.

7.Sobald das Rinderfiletsteak und das Gemüse gar sind, aus dem Ofen nehmen und kurz ruhen lassen.

8.Das Rinderfiletsteak mit dem Röstgemüse auf Tellern anrichten und sofort servieren.

Kalorien 400kcal Eiweiß 35g Kohlenhydrate 8g Fett 25g p/ Portion

Hähnchen-Curry mit Blumenkohlreis

🍴 2 Portionen

🕐 Vorbereitung: 10 Minuten
Backzeit: 20 - 30 Minuten
Gesamtzeit: 30 - 40 Minuten

ZUTATEN

- 2 Hähnchenbrustfilets, in mundgerechte Stücke geschnitten
- 1 Blumenkohl, in kleine Röschen zerteilt
- 1 Zwiebel, fein gehackt
- 2 Knoblauchzehen, gehackt
- 1 rote Paprika, in Streifen geschnitten
- 1 grüne Paprika, in Streifen geschnitten
- 400 ml Kokosmilch
- 2 EL Currypaste (nach Geschmack und Schärfe)
- 2 EL Olivenöl
- Salz und Pfeffer nach Geschmack
- Frischer Koriander oder Petersilie zum Garnieren (optional)

ZUBEREITUNG

1.Den Blumenkohl in eine Küchenmaschine geben und pulsieren, bis er die Konsistenz von Reis erreicht hat. Alternativ kannst du den Blumenkohl auch mit einem Messer fein hacken, um Reis zu simulieren.

2.In einer Pfanne das Olivenöl erhitzen und die gehackte Zwiebel und den Knoblauch darin glasig dünsten.

3.Die Hähnchenbruststücke hinzufügen und anbraten, bis sie goldbraun sind.

4.Die Paprikastreifen dazugeben und für weitere 2-3 Minuten mitbraten.

5.Die Currypaste hinzufügen und gut vermischen, bis das Fleisch und das Gemüse gleichmäßig damit bedeckt sind.

6.Die Kokosmilch dazugießen und das Curry bei mittlerer Hitze köcheln lassen, bis das Hähnchen gar ist und die Sauce eingedickt ist.

7.Während das Curry köchelt, den Blumenkohlreis in einer separaten Pfanne mit etwas Olivenöl anbraten, bis er weich ist, aber noch etwas Biss hat. Mit Salz und Pfeffer abschmecken.

8.Das Hähnchen-Curry mit dem Blumenkohlreis servieren und nach Wunsch mit frischem Koriander oder Petersilie garnieren.

Kalorien 380kcal Eiweiß 25g Kohlenhydrate 12g Fett 28g p/ Portion

Hackfleischbällchen in Tomatensauce mit Zucchininudeln

🍴 4 Portionen

🕐 Vorbereitung: 20 Minuten
Backzeit: 20 Minuten
Gesamtzeit: 40 Minuten

ZUTATEN FÜR DIE HACKFLEISCHBÄLLCHEN

- 500 g gemischtes Hackfleisch
- 1 Ei
- 1/4 Tasse gemahlene Mandeln
- 2 Knoblauchzehen, gehackt
- 2 EL frisch gehackte Petersilie
- Salz und Pfeffer nach Geschmack
- 2 EL Olivenöl

ZUTATEN FÜR DIE TOMATENSAUCE

- 400 g passierte Tomaten
- 2 Knoblauchzehen, gehackt
- 1 TL getrocknetes Basilikum
- 1 TL getrockneter Oregano
- Salz und Pfeffer nach Geschmack

ZUTATEN FÜR DIE TOMATENSAUCE

- 2 große Zucchini
- Salz und Pfeffer nach Geschmack

ZUBEREITUNG

1. Den Backofen auf 200°C vorheizen. Ein Backblech mit Backpapier auslegen.

2. In einer Schüssel das Hackfleisch, das Ei, gemahlene Mandeln, gehackten Knoblauch, gehackte Petersilie, Salz und Pfeffer vermengen. Zu kleinen Hackfleischbällchen formen und auf das vorbereitete Backblech legen.

3. Die Hackfleischbällchen für etwa 20 Minuten im Backofen backen, bis sie durchgegart und goldbraun sind.

4. Während die Hackfleischbällchen im Ofen sind, die Tomatensauce zubereiten. Dazu passierte Tomaten, gehackten Knoblauch, Basilikum, Oregano, Salz und Pfeffer in einen Topf geben und bei mittlerer Hitze köcheln lassen, bis die Sauce etwas eingedickt ist.

5. Die Zucchini mit einem Spiralschneider in lange Nudeln schneiden oder mit einem Gemüseschäler in dünne Streifen schneiden, um Zucchininudeln zu erhalten.

6. Die Zucchininudeln in einer Pfanne mit etwas Olivenöl kurz anbraten, bis sie weich sind. Mit Salz und Pfeffer abschmecken.

7. Die gebackenen Hackfleischbällchen auf die Zucchininudeln in tiefe Teller oder auf Servierplatten geben und mit der Tomatensauce übergießen.

8. Nach Belieben mit frischer Petersilie oder Parmesankäse garnieren und servieren.

Kalorien 380kcal Eiweiß 30g Kohlenhydrate 10g Fett 25g p/ Portion

Gegrillte Hähnchenbrust mit Paprikagemüse

🍴 4 Portionen

🕐 Vorbereitungszeit: ca. 10 Minuten
Grillzeit: ca. 15-20 Minuten

ZUTATEN

- 4 Hähnchenbrustfilets
- 2 rote Paprikaschoten, in Streifen geschnitten
- 2 gelbe Paprikaschoten, in Streifen geschnitten
- 1 Zwiebel, in dünnen Scheiben
- 2 Knoblauchzehen, gehackt
- 2 EL Olivenöl
- 1 TL Paprikapulver
- 1 TL Oregano
- Salz und Pfeffer nach Geschmack
- Frische Petersilie zum Garnieren (optional)

ZUBEREITUNG

1.Die Hähnchenbrustfilets mit einem Fleischklopfer leicht flach klopfen, um eine gleichmäßige Dicke zu erreichen. Mit Salz, Pfeffer und Paprikapulver würzen**.**

2.Eine Grillpfanne oder einen Grill auf mittlere Hitze vorheizen. Die Hähnchenbrustfilets auf den Grill legen und etwa 6-8 Minuten pro Seite grillen, bis sie durchgegart sind und eine schöne Grillmarkierung haben.

3.Während das Hähnchen gart, in einer separaten Pfanne das Olivenöl erhitzen. Die Zwiebelscheiben und den gehackten Knoblauch hinzufügen und bei mittlerer Hitze glasig dünsten.

4.Die Paprikastreifen hinzufügen und unter gelegentlichem Rühren etwa 8-10 Minuten braten, bis sie weich und leicht gebräunt sind. Mit Salz, Pfeffer und Oregano würzen.

5.Die gegrillten Hähnchenbrustfilets zusammen mit dem Paprikagemüse servieren. Nach Belieben mit frischer Petersilie garnieren.

Kalorien 300kcal Eiweiß 40g Kohlenhydrate 8g Fett 12g p/ Portion

Schweinefilet mit Pilzrahmsauce

🍴 4 Portionen

🕐 Vorbereitungszeit: ca. 10 Minuten
Kochzeit: ca. 20 Minuten

ZUTATEN

- 4 Schweinefiletmedaillons
- 250 g Champignons, in Scheiben geschnitten
- 1 Zwiebel, fein gehackt
- 2 Knoblauchzehen, gehackt
- 200 ml Sahne
- 1 EL Olivenöl
- 1 EL Butter
- 1 TL Thymian
- Salz und Pfeffer nach Geschmack
- Frische Petersilie zum Garnieren (optional)

ZUBEREITUNG

1.Die Schweinefiletmedaillons mit Salz und Pfeffer würzen.

2.In einer Pfanne das Olivenöl erhitzen und die Schweinefiletmedaillons von beiden Seiten jeweils 3-4 Minuten braten, bis sie goldbraun sind und durchgegart sind. Die Medaillons aus der Pfanne nehmen und beiseite stellen.

3.In derselben Pfanne die Butter hinzufügen und die gehackte Zwiebel und den gehackten Knoblauch anschwitzen, bis sie weich sind.

4.Die Champignonscheiben hinzufügen und unter gelegentlichem Rühren etwa 5-7 Minuten braten, bis sie weich sind und Flüssigkeit abgeben.

5.Die Sahne hinzufügen und köcheln lassen, bis die Sauce etwas eindickt. Mit Thymian, Salz und Pfeffer abschmecken.

6.Die Schweinefiletmedaillons zurück in die Pfanne geben und für weitere 2-3 Minuten in der Sauce erwärmen.

7.Das Schweinefilet mit Pilzrahmsauce auf Tellern anrichten, mit frischer Petersilie garnieren und servieren.

Kalorien 400kcal Eiweiß 35g Kohlenhydrate 5g Fett 25g p/ Portion

Taco-Salat mit
Rinderhackfleisch

🍴 4 Portionen

🕐 Vorbereitungszeit: ca. 15 Minuten
Kochzeit: ca. 15 Minuten

ZUTATEN FÜR DIE HACKFLEISCHBÄLLCHEN

- 500 g Rinderhackfleisch
- 1 Zwiebel, gehackt
- 2 Knoblauchzehen, gehackt
- 1 TL Olivenöl
- 1 TL gemahlener Kreuzkümmel
- 1 TL Chilipulver
- 1 TL Paprikapulver
- Salz und Pfeffer nach Geschmack
- 1 Kopf Eisbergsalat, gehackt
- 1 rote Paprika, gewürfelt
- 1 gelbe Paprika, gewürfelt
- 1 Dose (400 g) Kidneybohnen, abgetropft und gespült
- 1 Dose (200 g) Maiskörner, abgetropft
- 1 Avocado, in Scheiben geschnitten
- 1/2 Tasse geriebener Cheddar-Käse
- Frischer Koriander zum Garnieren (optional)
- Saure Sahne oder griechischer Joghurt zum Servieren

DRESSING

- 3 EL Olivenöl
- 2 EL Apfelessig oder Limettensaft
- 1 TL gemahlener Kreuzkümmel
- Salz und Pfeffer nach Geschmack

ZUBEREITUNG

1. In einer Pfanne das Olivenöl erhitzen und die gehackte Zwiebel und den gehackten Knoblauch hinzufügen. Unter Rühren anbraten, bis sie weich sind.

2. Das Rinderhackfleisch hinzufügen und unter gelegentlichem Rühren braten, bis es braun und durchgegart ist. Kreuzkümmel, Chilipulver, Paprikapulver, Salz und Pfeffer hinzufügen und gut vermischen. Vom Herd nehmen und beiseite stellen.

3. Für das Dressing alle Zutaten in einer kleinen Schüssel verrühren und beiseite stellen.

4. Den gehackten Eisbergsalat auf eine große Servierplatte oder in eine große Schüssel geben. Die gewürfelten Paprikastücke, Kidneybohnen und Mais darüber verteilen.

5. Das gebratene Rinderhackfleisch über den Salat geben.

6. Die Avocadoscheiben auf dem Salat arrangieren und mit geriebenem Cheddar-Käse bestreuen.

7. Das Dressing über den Salat gießen und alles vorsichtig vermischen, bis der Salat gleichmäßig damit bedeckt ist.

8. Nach Belieben mit frischem Koriander garnieren und mit saurer Sahne oder griechischem Joghurt servieren.

Kalorien 450kcal Eiweiß 25g Kohlenhydrate 25g Fett 25g p/ Portion

Gefüllte Paprikaschoten mit Hackfleisch und Käse

🍴 4 Portionen

🕐 Vorbereitungszeit: ca. 15 Minuten
Kochzeit: ca. 30 Minuten

ZUTATEN

- 4 große Paprikaschoten
- 500 g Rinderhackfleisch
- 1 Zwiebel, fein gehackt
- 2 Knoblauchzehen, gehackt
- 200 g geriebener Mozzarella-Käse
- 1 Dose (400 g) gehackte Tomaten
- 1 TL Olivenöl
- 1 TL Paprikapulver
- Salz und Pfeffer nach Geschmack
- Frisches Basilikum zum Garnieren (optional)

ZUBEREITUNG

1.Den Backofen auf 180°C vorheizen.

2.Die Paprikaschoten halbieren und die Kerne und weißen Membranen entfernen. Die Paprikahälften in eine Auflaufform legen.

3.In einer Pfanne das Olivenöl erhitzen und die gehackte Zwiebel und den gehackten Knoblauch hinzufügen. Unter Rühren anschwitzen, bis sie weich sind.

4.Das Rinderhackfleisch hinzufügen und braten, bis es braun ist. Paprikapulver, Salz und Pfeffer hinzufügen und gut vermischen.

5.Die gehackten Tomaten zur Hackfleischmischung geben und köcheln lassen, bis die Flüssigkeit etwas reduziert ist.

6.Die Hackfleischmischung gleichmäßig auf die Paprikahälften verteilen.

7.Den geriebenen Mozzarella-Käse über die gefüllten Paprikahälften streuen.

8.Die Auflaufform in den vorgeheizten Backofen geben und die gefüllten Paprikaschoten etwa 25-30 Minuten backen, bis der Käse geschmolzen und leicht gebräunt ist.

9.Die gefüllten Paprikaschoten mit Hackfleisch und Käse aus dem Ofen nehmen und mit frischem Basilikum garnieren, bevor du sie servierst.

Kalorien 350kcal Eiweiß 30g Kohlenhydrate 15g Fett 20g p/ Portion

Lammkoteletts mit grünem Spargel

🍴 4 Portionen

🕐 Vorbereitungszeit: ca. 10 Minuten
Kochzeit: ca. 15 Minuten

ZUTATEN

- 8 Lammkoteletts
- 500 g grüner Spargel, holzige Enden entfernt
- 2 EL Olivenöl
- 2 Knoblauchzehen, gehackt
- Salz und Pfeffer nach Geschmack
- Frische Petersilie zum Garnieren (optional)
- Zitronenspalten zum Servieren

ZUBEREITUNG

1.Den Backofen auf 200°C vorheizen.

2.Die Lammkoteletts mit Salz und Pfeffer würzen.

3.Eine Grillpfanne oder eine Bratpfanne bei mittlerer Hitze erhitzen und die Lammkoteletts darin von beiden Seiten jeweils 3-4 Minuten braten, bis sie goldbraun sind und die gewünschte Garstufe erreicht haben.

4.Während die Lammkoteletts braten, den grünen Spargel auf ein Backblech legen. Mit Olivenöl beträufeln und mit gehacktem Knoblauch, Salz und Pfeffer würzen. Den Spargel im vorgeheizten Backofen etwa 10-12 Minuten backen, bis er zart ist und leichte Bräunungsspuren zeigt.

5.Die gebratenen Lammkoteletts zusammen mit dem gegrillten Spargel auf Tellern anrichten.

6.Nach Belieben mit frischer Petersilie garnieren und mit Zitronenspalten servieren.

Kalorien 350kcal Eiweiß 30g Kohlenhydrate 5g Fett 20g p/ Portion

Gefüllte Zucchini mit Hähnchen und Gemüse

🍴 4 Portionen

🕐 Vorbereitungszeit: ca. 20 Minuten
Kochzeit: ca. 25 Minuten

ZUTATEN

- 4 mittelgroße Zucchini
- 300 g Hähnchenbrust, in kleine Stücke geschnitten
- 1 rote Paprika, gewürfelt
- 1 gelbe Paprika, gewürfelt
- 1 Zwiebel, gehackt
- 2 Knoblauchzehen, gehackt
- 200 g gehackte Tomaten (aus der Dose)
- 100 g geriebener Mozzarella-Käse
- 2 EL Olivenöl
- 1 TL getrocknete italienische Kräuter
- Salz und Pfeffer nach Geschmack
- Frisches Basilikum zum Garnieren (optional)

ZUBEREITUNG

1.Den Backofen auf 200°C vorheizen.

2.Die Zucchini längs halbieren und das Innere mit einem Löffel aushöhlen, um Platz für die Füllung zu machen. Die ausgehöhlten Zucchinihälften beiseite legen.

3.In einer Pfanne das Olivenöl erhitzen und die gehackte Zwiebel und den gehackten Knoblauch hinzufügen. Unter Rühren anschwitzen, bis sie weich sind.

4.Die Hähnchenbruststücke hinzufügen und braten, bis sie goldbraun sind und durchgegart sind.

5.Die gewürfelten Paprikastücke hinzufügen und etwa 5 Minuten braten, bis sie weich sind.

6.Die gehackten Tomaten hinzufügen und die italienischen Kräuter sowie Salz und Pfeffer hinzufügen. Die Mischung köcheln lassen, bis die Sauce etwas eingedickt ist.

7.Die ausgehöhlten Zucchinihälften mit der Hähnchen-Gemüse-Mischung füllen und auf ein Backblech legen.

8.Den geriebenen Mozzarella-Käse über die gefüllten Zucchinis streuen.

9.Die gefüllten Zucchinis im vorgeheizten Backofen etwa 20-25 Minuten backen, bis der Käse geschmolzen und leicht gebräunt ist.

10. Die gefüllten Zucchinis mit Hähnchen und Gemüse aus dem Ofen nehmen, mit frischem Basilikum garnieren und servieren.

Kalorien 300kcal Eiweiß 25g Kohlenhydrate 15g Fett 15g p/ Portion

Rinderrouladen mit Kohlrabi-Püree

🍴 4 Portionen

🕐 Vorbereitungszeit: ca. 20 Minuten
Kochzeit: ca. 1,5 - 2 Stunden

ZUTATEN

- 4 Rinderrouladen
- 1 Kohlrabi, geschält und in Würfel geschnitten
- 2 EL Butter oder Olivenöl
- 1 Zwiebel, fein gehackt
- 4 Scheiben Speck
- 4 Gewürzgurken
- Senf nach Geschmack
- Salz und Pfeffer nach Geschmack
- 500 ml Rinderbrühe
- Frische Petersilie zum Garnieren (optional)

ZUBEREITUNG

1. Die Rinderrouladen auf einer Arbeitsfläche ausbreiten und mit Senf bestreichen. Mit Salz und Pfeffer würzen.

2. Auf jede Rinderroulade eine Scheibe Speck, gehackte Zwiebeln und eine Gewürzgurke legen.

3. Die Rinderrouladen aufrollen und mit Zahnstochern oder Küchengarn feststecken.

4. In einem großen Topf oder einer Bratpfanne die Butter oder das Olivenöl erhitzen. Die Rinderrouladen von allen Seiten anbraten, bis sie goldbraun sind.

5. Die Rinderbrühe hinzufügen und die Rinderrouladen zugedeckt bei niedriger Hitze etwa 1,5 bis 2 Stunden schmoren lassen, bis sie zart sind.

6. Während die Rinderrouladen schmoren, die Kohlrabiwürfel in leicht gesalzenem Wasser etwa 15-20 Minuten kochen, bis sie weich sind.

7. Die gekochten Kohlrabiwürfel abgießen und mit einem Kartoffelstampfer oder Pürierstab zu einem cremigen Püree verarbeiten. Mit Salz und Pfeffer abschmecken.

8. Die Rinderrouladen zusammen mit dem Kohlrabi-Püree auf Tellern anrichten.

9. Nach Belieben mit frischer Petersilie garnieren und servieren.

Kalorien 400kcal Eiweiß 30g Kohlenhydrate 10g Fett 25g p/ Portion

Gegrillte Hähnchenspieße mit Gemüse

🍴 4 Portionen

🕐 Vorbereitungszeit: ca. 20 Minuten
Grillzeit: ca. 10 - 12 Minuten

ZUTATEN

- 500 g Hähnchenbrust, in Würfel geschnitten
- 2 Paprikaschoten, in Stücke geschnitten
- 1 Zucchini, in Scheiben geschnitten
- 1 rote Zwiebel, in Stücke geschnitten
- 8 Cherrytomaten
- 2 EL Olivenöl
- Saft einer Zitrone
- 2 Knoblauchzehen, gehackt
- 1 TL Paprikapulver
- Salz und Pfeffer nach Geschmack
- Frische Petersilie zum Garnieren (optional)
- Holzspieße, eingeweicht

ZUBEREITUNG

1.Die Hähnchenbrustwürfel in eine Schüssel geben und mit Olivenöl, Zitronensaft, gehacktem Knoblauch, Paprikapulver, Salz und Pfeffer marinieren. Für mindestens 30 Minuten im Kühlschrank ziehen lassen.

2.Die vorbereiteten Paprikaschoten, Zucchini, rote Zwiebeln und Cherrytomaten abwechselnd auf die eingeweichten Holzspieße stecken.

3.Den Grill vorheizen.

4.Die marinierten Hähnchenbrustwürfel ebenfalls auf die Holzspieße stecken.

5.Die vorbereiteten Hähnchenspieße und Gemüsespieße auf den Grill legen und etwa 10-12 Minuten grillen, dabei gelegentlich wenden, bis das Hähnchen durchgegart ist und das Gemüse leicht gebräunt ist.

6.Die gegrillten Hähnchenspieße und Gemüsespieße vom Grill nehmen und auf einer Servierplatte anrichten.

7.Nach Belieben mit frischer Petersilie garnieren und servieren.

Kalorien 250kcal Eiweiß 30g Kohlenhydrate 10g Fett 10g p/ Portion

Hähnchenbrust mit Spinat und Feta gefüllt

🍴 4 Portionen

🕐 Vorbereitungszeit: ca. 20 Minuten
Koch/ Backzeit: ca. 25 Minuten

_____

ZUTATEN

- 4 Hähnchenbrustfilets
- 200 g frischer Spinat, grob gehackt
- 100 g Feta-Käse, zerbröselt
- 2 Knoblauchzehen, gehackt
- 2 EL Olivenöl
- Salz und Pfeffer nach Geschmack
- Frische Petersilie zum Garnieren (optional)

ZUBEREITUNG

1.Den Backofen auf 180°C vorheizen.

2.Die Hähnchenbrustfilets der Länge nach einschneiden, um eine Tasche zu bilden, aber nicht durchschneiden.

3.Den Spinat und den zerbröselten Feta-Käse in einer Schüssel vermengen. Mit Salz und Pfeffer würzen.

4.Die Spinat-Feta-Mischung gleichmäßig in die vorbereiteten Taschen der Hähnchenbrustfilets füllen.

5.Die gefüllten Hähnchenbrustfilets mit Salz und Pfeffer würzen.

6.Eine Pfanne erhitzen und Olivenöl hinzufügen. Die gehackten Knoblauchzehen hinzufügen und kurz anschwitzen.

7.Die gefüllten Hähnchenbrustfilets in die Pfanne geben und von beiden Seiten goldbraun anbraten.

8.Die angebratenen Hähnchenbrustfilets in eine Backform geben und für ca. 20-25 Minuten in den vorgeheizten Backofen geben, bis sie durchgegart sind.

9.Die gefüllten Hähnchenbrustfilets aus dem Ofen nehmen, mit frischer Petersilie garnieren und servieren.

Kalorien 300kcal Eiweiß 40g Kohlenhydrate 2g Fett 15g p/ Portion

Gefüllte Auberginen mit Hackfleisch und Mozzarella

4 Portionen

Vorbereitungszeit: ca. 20 Minuten
Kochzeit: ca. 25 Minuten

ZUTATEN

- 2 große Auberginen
- 500 g Hackfleisch (Rind oder gemischt)
- 1 Zwiebel, gehackt
- 2 Knoblauchzehen, gehackt
- 400 g gehackte Tomaten (aus der Dose)
- 200 g Mozzarella, in Scheiben geschnitten
- 2 EL Olivenöl
- 1 TL getrocknete italienische Kräuter
- Salz und Pfeffer nach Geschmack
- Frisches Basilikum zum Garnieren (optional)

ZUBEREITUNG

1.Den Backofen auf 200°C vorheizen.

2.Die Auberginen der Länge nach halbieren und das Fruchtfleisch vorsichtig mit einem Löffel herausnehmen, sodass eine Schiffchenform entsteht. Das herausgenommene Fruchtfleisch klein hacken und beiseite stellen.

3.Das Olivenöl in einer Pfanne erhitzen und die gehackte Zwiebel und den gehackten Knoblauch hinzufügen. Unter Rühren anschwitzen, bis sie weich sind.

4.Das Hackfleisch hinzufügen und braten, bis es braun ist und durchgegart ist.

5.Das gehackte Auberginenfruchtfleisch hinzufügen und weiter braten, bis es weich ist.

6.Die gehackten Tomaten hinzufügen und die italienischen Kräuter sowie Salz und Pfeffer hinzufügen. Die Mischung köcheln lassen, bis die Sauce etwas eingedickt ist.

7.Die Auberginenschiffchen in eine Auflaufform legen und mit der Hackfleischmischung füllen.

8.Die Mozzarellascheiben über die gefüllten Auberginen legen.

9.Die gefüllten Auberginen im vorgeheizten Backofen etwa 20-25 Minuten backen, bis der Käse geschmolzen und leicht gebräunt ist.

10. Die gefüllten Auberginen mit Hackfleisch und Mozzarella aus dem Ofen nehmen, mit frischem Basilikum garnieren und servieren.

Kalorien 350kcal Eiweiß 25g Kohlenhydrate 10g Fett 20g p/ Portion

Gegrillte Putensteaks mit Paprikasalat

🍴 4 Portionen

🕐 Vorbereitungszeit: ca. 15 Minuten
Grill/ Backzeit: ca. 10 - 14 Minuten

ZUTATEN

- 4 Putensteaks (je ca. 150 g)
- 2 rote Paprikaschoten
- 2 gelbe Paprikaschoten
- 1 kleine Zwiebel, fein gehackt
- 2 EL Olivenöl
- 2 EL Balsamico-Essig
- 1 TL Senf
- Frische Petersilie oder Koriander, gehackt
- Salz und Pfeffer nach Geschmack
- Holzspieße, eingeweicht (optional)

ZUBEREITUNG

1.Den Grill vorheizen oder eine Grillpfanne auf mittlere Hitze vorheizen.

2.Die Paprikaschoten halbieren und entkernen. Die Paprikahälften mit der Schnittseite nach unten auf den Grill legen und grillen, bis die Haut schwarze Blasen bildet und leicht verkohlt ist. Anschließend in eine Schüssel geben und mit einem Deckel oder einer Folie abdecken, um sie zu dämpfen und die Haut leichter zu entfernen.

3.Die Haut von den Paprikahälften abziehen und das Fruchtfleisch in Streifen schneiden. In eine Schüssel geben und mit gehackter Zwiebel, Olivenöl, Balsamico-Essig, Senf, gehackter Petersilie oder Koriander, Salz und Pfeffer vermengen. Den Paprikasalat beiseite stellen.

4.Die Putensteaks mit Salz und Pfeffer würzen und auf den Grill legen oder in der Grillpfanne braten. Von beiden Seiten etwa 5-7 Minuten grillen oder braten, bis sie durchgegart sind und eine goldbraune Kruste haben.

5.Die gegrillten Putensteaks auf Tellern anrichten und mit dem vorbereiteten Paprikasalat servieren.

Kalorien 250kcal Eiweiß 35g Kohlenhydrate 5g Fett 10g p/ Portion

Hühnchen Curry mit Gemüse

🍴 4 Portionen

🕐 Vorbereitungszeit: ca. 15 Minuten
Kochzeit: ca. 25 Minuten

ZUTATEN

- 500 g Hähnchenbrustfilet, in mundgerechte Stücke geschnitten
- 2 EL Kokosöl oder Olivenöl
- 1 Zwiebel, gehackt
- 2 Knoblauchzehen, gehackt
- 1 TL Ingwer, gerieben
- 2 EL Currypulver
- 1 TL Kurkuma
- 1 TL Kreuzkümmel
- 1 TL Korianderpulver
- 400 ml Kokosmilch
- 1 rote Paprika, in Streifen geschnitten
- 1 gelbe Paprika, in Streifen geschnitten
- 1 Zucchini, in Scheiben geschnitten
- 1 Karotte, in dünne Scheiben geschnitten
- Salz und Pfeffer nach Geschmack
- Frischer Koriander oder Petersilie zum Garnieren

ZUBEREITUNG

1.In einer großen Pfanne oder einem Topf das Kokosöl erhitzen. Die gehackte Zwiebel hinzufügen und glasig dünsten.

2.Den gehackten Knoblauch und Ingwer dazugeben und für etwa 1 Minute anbraten, bis sie duftend sind.

3.Die Hähnchenbruststücke hinzufügen und anbraten, bis sie goldbraun sind.

4.Das Currypulver, Kurkuma, Kreuzkümmel und Korianderpulver über das Hähnchen streuen und gut vermischen, bis das Fleisch gleichmäßig gewürzt ist.

5.Die Kokosmilch hinzufügen und umrühren, um alles gut zu kombinieren. Die Hitze reduzieren und das Curry köcheln lassen, bis das Hähnchen durchgegart ist und die Sauce etwas eingedickt ist, ca. 10-15 Minuten.

6.Während das Curry köchelt, das Gemüse vorbereiten. Die Paprika, Zucchini und Karotten in die Pfanne geben und weitere 5-7 Minuten köcheln lassen, bis das Gemüse bissfest ist.

7.Das Curry mit Salz und Pfeffer abschmecken und nach Bedarf nachwürzen.

8.Das Hühnchencurry heiß servieren, mit frischem Koriander oder Petersilie garnieren und nach Belieben mit Blumenkohlreis oder Konjakreis servieren.

Kalorien 350kcal Eiweiß 30g Kohlenhydrate 10g Fett 20g p/ Portion

Rindfleischpfanne mit Gemüse in Kokosmilch-Currysauce

🍴 4 Portionen

🕐 Vorbereitungszeit: ca. 10 Minuten
Kochzeit: ca. 25 Minuten

ZUTATEN

- 500 g Rindfleisch (z. B. Rinderfilet), in Streifen geschnitten
- 2 EL Kokosöl oder Olivenöl
- 1 Zwiebel, gehackt
- 2 Knoblauchzehen, gehackt
- 1 TL Ingwer, gerieben
- 2 EL Currypulver
- 1 TL Kurkuma
- 1 TL Kreuzkümmel
- 1 TL Korianderpulver
- 400 ml Kokosmilch
- 1 rote Paprika, in Streifen geschnitten
- 1 gelbe Paprika, in Streifen geschnitten
- 1 Zucchini, in Scheiben geschnitten
- 1 Karotte, in dünne Scheiben geschnitten
- Salz und Pfeffer nach Geschmack
- Frischer Koriander oder Petersilie zum Garnieren

ZUBEREITUNG

1.In einer großen Pfanne oder einem Wok das Kokosöl erhitzen. Die gehackte Zwiebel hinzufügen und glasig dünsten.

2.Den gehackten Knoblauch und Ingwer dazugeben und für etwa 1 Minute anbraten, bis sie duftend sind.

3.Die Rindfleischstreifen hinzufügen und anbraten, bis sie goldbraun sind.

4.Das Currypulver, Kurkuma, Kreuzkümmel und Korianderpulver über das Rindfleisch streuen und gut vermischen, bis das Fleisch gleichmäßig gewürzt ist.

5.Die Kokosmilch hinzufügen und umrühren, um alles gut zu kombinieren. Die Hitze reduzieren und das Curry köcheln lassen, bis das Rindfleisch gar ist und die Sauce etwas eingedickt ist, ca. 10-15 Minuten.

6.Während das Curry köchelt, das Gemüse vorbereiten. Die Paprika, Zucchini und Karotten in die Pfanne geben und weitere 5-7 Minuten köcheln lassen, bis das Gemüse bissfest ist.

7.Das Curry mit Salz und Pfeffer abschmecken und nach Bedarf nachwürzen.

8.Die Rindfleischpfanne heiß servieren, mit frischem Koriander oder Petersilie garnieren und nach Belieben mit Blumenkohlreis oder Konjakreis servieren.

Kalorien 400kcal Eiweiß 30g Kohlenhydrate 10g Fett 25g p/ Portion

Gegrillte Lammkoteletts mit Ratatouille

🍴 4 Portionen

🕐 Vorbereitungszeit: ca. 15 Minuten
Kochzeit: ca. 25 - 30 Minuten
Grillzeit: ca. 6 - 8 Minuten

ZUTATEN

- 8 Lammkoteletts
- 2 EL Olivenöl
- Salz und Pfeffer nach Geschmack
- Frische Kräuter (z. B. Rosmarin, Thymian), gehackt

FÜR DAS RATATOUILLE

- 1 Zwiebel, gehackt
- 2 Knoblauchzehen, gehackt
- 1 Aubergine, in Würfel geschnitten
- 1 Zucchini, in Würfel geschnitten
- 1 rote Paprika, in Würfel geschnitten
- 1 gelbe Paprika, in Würfel geschnitten
- 400 g Tomaten, gewürfelt (frisch oder aus der Dose)
- 2 EL Olivenöl
- 1 TL getrocknete Kräuter der Provence
- Salz und Pfeffer nach Geschmack
- Frische Kräuter zum Garnieren (z. B. Petersilie oder Basilikum)

ZUBEREITUNG

1.Die Lammkoteletts mit Salz, Pfeffer und gehackten Kräutern würzen. Das Olivenöl darüber träufeln und gut einreiben. Die Koteletts für etwa 30 Minuten marinieren lassen.

2.Währenddessen das Ratatouille vorbereiten. In einer großen Pfanne das Olivenöl erhitzen. Die Zwiebel und den Knoblauch hinzufügen und glasig dünsten.

3.Die Aubergine, Zucchini und Paprika hinzufügen und für etwa 5-7 Minuten anbraten, bis das Gemüse leicht gebräunt ist.

4.Die gewürfelten Tomaten hinzufügen und die getrockneten Kräuter der Provence unterrühren. Mit Salz und Pfeffer abschmecken. Das Ratatouille bei mittlerer Hitze köcheln lassen, bis das Gemüse weich ist und die Sauce leicht eingedickt ist, etwa 15-20 Minuten. Gelegentlich umrühren.

5.Während das Ratatouille köchelt, den Grill vorheizen. Die marinierten Lammkoteletts auf den Grill legen und je nach gewünschter Garstufe 3-4 Minuten pro Seite grillen.

6.Die gegrillten Lammkoteletts zusammen mit dem Ratatouille servieren. Nach Belieben mit frischen Kräutern garnieren.

Kalorien 400kcal Eiweiß 35g Kohlenhydrate 10g Fett 25g p/ Portion

Hähnchenschnitzel mit Zucchinipommes

🍴 4 Portionen

🕐 Vorbereitungszeit: ca. 15 Minuten
Koch/ Backzeit: ca. 20 - 25 Minuten

ZUTATEN

- 4 Hähnchenschnitzel
- 2 mittelgroße Zucchini
- 2 Eier
- ½ Tasse Mandelmehl
- ½ Tasse geriebener Parmesan
- 1 TL Paprikapulver
- 1 TL Knoblauchpulver
- Salz und Pfeffer nach Geschmack
- Olivenöl oder Kokosöl zum Braten

ZUBEREITUNG

1.Den Backofen auf 200ºC vorheizen und ein Backblech mit Backpapier auslegen.

2.Die Zucchini waschen und in Pommes-förmige Streifen schneiden.

3.Die Eier in eine flache Schüssel geben und verquirlen. In einer anderen flachen Schüssel das Mandelmehl, den geriebenen Parmesan, Paprikapulver, Knoblauchpulver, Salz und Pfeffer vermischen.

4.Die Zucchinistreifen erst in den verquirlten Eiern und dann in der Mandelmehl-Parmesan-Mischung wenden, um sie zu panieren. Auf das vorbereitete Backblech legen und leicht mit Olivenöl oder Kokosöl beträufeln.

5.Die Zucchinipommes etwa 20-25 Minuten backen, bis sie goldbraun und knusprig sind, dabei gelegentlich wenden.

6.Während die Zucchinipommes backen, die Hähnchenschnitzel vorbereiten. Die Hähnchenschnitzel mit Salz und Pfeffer würzen und in einer Pfanne mit heißem Olivenöl oder Kokosöl von beiden Seiten braten, bis sie durchgegart und goldbraun sind, ca. 4-5 Minuten pro Seite, je nach Dicke der Schnitzel.

7.Die gebackenen Zucchinipommes zusammen mit den Hähnchenschnitzeln servieren.

Kalorien 400kcal Eiweiß 35g Kohlenhydrate 10g Fett 25g p/ Portion

Hast du über Eiweiß gewusst ...

1. Bausteine des Lebens: Proteine sind die Bausteine des Lebens und spielen eine Schlüsselrolle beim Aufbau und der Reparatur von Gewebe im Körper, einschließlich Muskeln, Haut, Haaren, Nägeln, Knochen und Organen.
2. Enzyme und Hormone: Viele Enzyme und Hormone im Körper bestehen aus Proteinen. Diese sind für zahlreiche Stoffwechselprozesse und Regulationen im Körper unerlässlich.
3. Transport und Speicherung: Proteine dienen als Transportmoleküle im Blut, um Nährstoffe, Sauerstoff und andere wichtige Substanzen im Körper zu transportieren. Sie können auch als Speicher für bestimmte Moleküle dienen.
4. Immunfunktion: Einige Proteine sind Teil des Immunsystems und spielen eine wichtige Rolle bei der Abwehr von Infektionen und Krankheiten.
5. Struktur und Bewegung: Proteine sind auch für die Struktur und Funktion von Zellen und Geweben verantwortlich. Zum Beispiel sind Muskelproteine wie Aktin und Myosin für die Kontraktion der Muskeln verantwortlich.
6. Sättigung: Proteinreiche Lebensmittel können dazu beitragen, das Sättigungsgefühl zu erhöhen und den Appetit zu regulieren, was beim Abnehmen oder bei der Gewichtskontrolle hilfreich sein kann.
7. Quellen: Protein kann aus tierischen Quellen wie Fleisch, Fisch, Eiern und Milchprodukten sowie aus pflanzlichen Quellen wie Hülsenfrüchten, Nüssen, Samen und Getreide gewonnen werden.
8. Verdauung und Aufnahme: Protein benötigt im Vergleich zu Kohlenhydraten und Fetten mehr Zeit und Energie für die Verdauung, was zu einem längeren Sättigungsgefühl führen kann. Die Aufnahme von Protein kann auch den Stoffwechsel ankurbeln und den Kalorienverbrauch erhöhen.
9. Aminosäuren: Proteine bestehen aus verschiedenen Aminosäuren, von denen einige essentiell sind, da der Körper sie nicht selbst herstellen kann. Eine ausgewogene Ernährung, die eine Vielzahl von Proteinen aus verschiedenen Quellen enthält, ist wichtig, um alle essentiellen Aminosäuren zu erhalten.

Vegetarische Gerichte

Gebackener Blumenkohl mit Parmesankruste

🍴 4 Portionen

🕐 Vorbereitungszeit: ca. 10 Minuten
Backzeit: ca. 30-35 Minuten

ZUTATEN

- 1 großer Kopf Blumenkohl
- ½ Tasse geriebener Parmesan
- 1 TL Knoblauchpulver
- 1 TL Paprikapulver
- ½ TL gemahlener Kreuzkümmel
- Salz und Pfeffer nach Geschmack
- 2 Eier
- Frische Petersilie oder Schnittlauch zum Garnieren

ZUBEREITUNG

1.Den Backofen auf 200°C vorheizen und ein Backblech mit Backpapier auslegen.

2.Den Blumenkohl waschen und von den grünen Blättern entfernen. Den Strunk abschneiden, sodass der Blumenkohl flach auf dem Backblech liegt.

3.In einer Schüssel die Eier verquirlen.

4.In einer anderen Schüssel den geriebenen Parmesan, Knoblauchpulver, Paprikapulver, gemahlenen Kreuzkümmel, Salz und Pfeffer vermischen.

5.Den Blumenkohl mit den verquirlten Eiern bestreichen, um eine Haftgrundlage für die Parmesankruste zu schaffen.

6.Den Blumenkohl mit der Parmesankruste gleichmäßig bestreichen und fest andrücken, damit sie haftet.

7.Den Blumenkohl auf das vorbereitete Backblech legen und für ca. 30-35 Minuten backen, bis die Kruste goldbraun und knusprig ist und der Blumenkohl weich ist.

8.Den gebackenen Blumenkohl aus dem Ofen nehmen und mit frischer Petersilie oder Schnittlauch garnieren.

Kalorien 120kcal Eiweiß 9g Kohlenhydrate 6g Fett 7g p/ Portion

Zucchini-Nudeln mit Pesto und Tomaten

🍴 4 Portionen

🕐 Vorbereitungszeit: ca. 15 Minuten
Kochzeit: ca. 5-7 Minuten

ZUTATEN

- 4 mittelgroße Zucchini
- 2 Tassen frische Basilikumblätter
- 1/4 Tasse Pinienkerne
- 2 Knoblauchzehen, gehackt
- 1/4 Tasse geriebener Parmesan
- 1/4 Tasse Olivenöl
- Saft einer halben Zitrone
- Salz und Pfeffer nach Geschmack
- 1 Tasse Kirschtomaten, halbiert
- Frisch geriebener Parmesan zum Garnieren

ZUBEREITUNG

1.Die Zucchini waschen und mit einem Spiralschneider in Nudeln schneiden. Die Zucchininudeln beiseite stellen.

2.Für das Pesto die Basilikumblätter, Pinienkerne, gehackten Knoblauch, geriebenen Parmesan, Olivenöl, Zitronensaft, Salz und Pfeffer in einem Mixer oder einer Küchenmaschine geben. Alles zu einer glatten Paste verarbeiten. Bei Bedarf etwas mehr Olivenöl hinzufügen, um die gewünschte Konsistenz zu erreichen.

3.Eine große Pfanne bei mittlerer Hitze erwärmen und das Pesto hinzufügen. Die Zucchininudeln dazugeben und etwa 2-3 Minuten unter gelegentlichem Rühren kochen, bis sie durch und leicht weich sind.

4.Die halbierten Kirschtomaten hinzufügen und für weitere 1-2 Minuten erwärmen, bis sie leicht gebräunt sind.

5.Die Zucchini-Nudeln mit Pesto und Tomaten auf Tellern anrichten. Nach Belieben mit frisch geriebenem Parmesan garnieren und servieren.

Kalorien 250kcal Eiweiß 7g Kohlenhydrate 12g Fett 20g p/ Portion

Gemüsepfanne mit Tofu

4 Portionen

Vorbereitungszeit: ca. 15 Minuten
Kochzeit: ca. 20 Minuten

ZUTATEN

- 400 g fester Tofu, in Würfel geschnitten
- 2 EL Olivenöl
- 2 Knoblauchzehen, gehackt
- 1 Zwiebel, in dünnen Scheiben geschnitten
- 1 rote Paprika, in Streifen geschnitten
- 1 gelbe Paprika, in Streifen geschnitten
- 1 grüne Paprika, in Streifen geschnitten
- 1 kleine Zucchini, in Scheiben geschnitten
- 1 kleine Aubergine, in Würfel geschnitten
- 200 g Cherrytomaten, halbiert
- 1 TL Paprikapulver
- 1 TL Kreuzkümmel
- Salz und Pfeffer nach Geschmack
- Frische Petersilie oder Koriander zum Garnieren

ZUBEREITUNG

1.In einer großen Pfanne das Olivenöl bei mittlerer Hitze erhitzen. Den gehackten Knoblauch und die Zwiebeln hinzufügen und einige Minuten anbraten, bis sie weich sind und duften.

2.Die Paprika, Zucchini und Aubergine hinzufügen und etwa 5-7 Minuten unter gelegentlichem Rühren braten, bis das Gemüse leicht gebräunt ist und weich wird.

3.Die halbierten Cherrytomaten, Paprikapulver und Kreuzkümmel in die Pfanne geben und weitere 3-4 Minuten braten, bis die Tomaten weich werden und leicht zerfallen.

4.Die Tofuwürfel vorsichtig in die Pfanne geben und alles gut vermischen. Etwa 2-3 Minuten erhitzen, bis der Tofu warm ist.

5.Die Gemüsepfanne mit Salz und Pfeffer abschmecken. Mit frischer Petersilie oder Koriander garnieren und heiß servieren.

Kalorien 220kcal Eiweiß 15g Kohlenhydrate 15g Fett 12g p/ Portion

Gebackene Auberginenscheiben mit Tomatensauce

🍴 4 Portionen

🕐 Vorbereitungszeit: ca. 10 Minuten
Kochzeit: ca. 25 Minuten

ZUTATEN

- 2 mittelgroße Auberginen
- 2 EL Olivenöl
- Salz und Pfeffer nach Geschmack
- 1 Tasse passierte Tomaten
- 2 Knoblauchzehen, gehackt
- 1 TL getrocknetes Basilikum
- 1 TL getrockneter Oregano
- 1/2 TL Paprikapulver
- 1/4 TL Chiliflocken (optional)
- Frisches Basilikum zum Garnieren

ZUBEREITUNG

1.Den Ofen auf 200°C vorheizen. Ein Backblech mit Backpapier auslegen.

2.Die Auberginen waschen und in etwa 1 cm dicke Scheiben schneiden. Die Scheiben mit einem Küchentuch abtupfen, um überschüssige Feuchtigkeit zu entfernen.

3.Die Auberginenscheiben auf das vorbereitete Backblech legen. Mit Olivenöl beträufeln und mit Salz und Pfeffer würzen. Die Auberginenscheiben sollten in einer einzigen Schicht liegen, damit sie gleichmäßig backen.

4.Die Auberginenscheiben für ca. 20-25 Minuten backen, bis sie weich sind und an den Rändern leicht gebräunt sind.

5.Während die Auberginenscheiben backen, die Tomatensauce zubereiten. Dafür die passierten Tomaten, gehackten Knoblauch, getrocknetes Basilikum, getrockneten Oregano, Paprikapulver und optional Chiliflocken in einem Topf vermengen. Bei mittlerer Hitze zum Kochen bringen und dann die Hitze reduzieren. Die Sauce etwa 10 Minuten köcheln lassen, bis sie etwas eingedickt ist. Mit Salz und Pfeffer abschmecken.

6.Die gebackenen Auberginenscheiben auf Teller verteilen und mit der Tomatensauce servieren. Mit frischem Basilikum garnieren.

Kalorien 100kcal Eiweiß 2g Kohlenhydrate 9g Fett 7g p/ Portion

Brokkoli-Käse-Gratin

🍴 4 Portionen

🕐 Vorbereitungszeit: ca. 10 Minuten
Kochzeit: ca. 25 Minuten

ZUTATEN

- 500 g Brokkoli, in Röschen geschnitten
- 1 Tasse Sahne
- 1 Tasse geriebener Cheddar-Käse
- 1/4 Tasse geriebener Parmesan
- 2 Knoblauchzehen, gehackt
- Salz und Pfeffer nach Geschmack
- Optional: 1 TL Paprikapulver für eine würzige Note

ZUBEREITUNG

1.Den Ofen auf 200°C vorheizen. Eine Auflaufform einfetten oder mit Backpapier auslegen.

2.Die Brokkoliröschen in einem Topf mit leicht gesalzenem Wasser 3-4 Minuten blanchieren, bis sie leicht zart sind. Abgießen und beiseite stellen.

3.In einem Topf die Sahne und den gehackten Knoblauch erhitzen. Den geriebenen Cheddar-Käse hinzufügen und unter Rühren schmelzen lassen, bis eine cremige Käsesauce entsteht. Mit Salz, Pfeffer und optional Paprikapulver abschmecken.

4.Die Brokkoliröschen in die vorbereitete Auflaufform geben und die Käsesauce darüber gießen. Alles gut vermischen, damit der Brokkoli gleichmäßig mit der Sauce bedeckt ist.

5.Den geriebenen Parmesan über die Brokkoli-Käse-Mischung streuen.

6.Die Auflaufform in den vorgeheizten Ofen geben und das Gratin für ca. 20-25 Minuten backen, bis der Käse goldbraun und Blasen wirft.

7.Das Brokkoli-Käse-Gratin aus dem Ofen nehmen und kurz abkühlen lassen. Dann servieren.

Kalorien 280kcal Eiweiß 13g Kohlenhydrate 8g Fett 22g p/ Portion

Spinat-Ricotta-Lasagne

🍴 4 Portionen

🕐 Vorbereitungszeit: ca. 20 Minuten
Kochzeit: ca. 30-35 Minuten

ZUTATEN

- 500 g frischer Spinat
- 250 g Ricotta
- 1 Ei
- 1/2 Tasse geriebener Parmesan
- 1 Knoblauchzehe, gehackt
- Salz und Pfeffer nach Geschmack
- 1 Packung (ca. 200 g) Lasagneblätter aus Zucchini oder Auberginen
- 1 Tasse passierte Tomaten
- 1/2 Tasse geriebener Mozzarella
- Frisches Basilikum zum Garnieren

ZUBEREITUNG

1.Den Spinat waschen und in kochendem Wasser kurz blanchieren, bis er zusammenfällt. Abgießen und gut abtropfen lassen. Dann den Spinat grob hacken.

2.In einer Schüssel den Ricotta mit dem Ei, geriebenem Parmesan, gehacktem Knoblauch, Salz und Pfeffer vermengen, bis alles gut kombiniert ist. Den gehackten Spinat unterheben.

3.Den Ofen auf 180°C vorheizen. Eine Auflaufform leicht einfetten.

4.Eine dünne Schicht passierte Tomaten auf den Boden der Auflaufform geben. Eine Schicht Zucchini- oder Auberginenlasagneblätter darauf legen.

5.Die Hälfte der Spinat-Ricotta-Mischung auf den Lasagneblättern verteilen. Wieder eine Schicht passierte Tomaten darauf geben. Dann eine weitere Schicht Lasagneblätter und die restliche Spinat-Ricotta-Mischung darauf verteilen. Abschließend mit einer weiteren Schicht passierter Tomaten und geriebenem Mozzarella bedecken.

6.Die Lasagne für ca. 30-35 Minuten im vorgeheizten Ofen backen, bis der Käse goldbraun ist und die Lasagneblätter weich sind.

7.Die Lasagne aus dem Ofen nehmen und vor dem Servieren etwa 5 Minuten ruhen lassen. Mit frischem Basilikum garnieren und servieren.

Kalorien 280kcal Eiweiß 20g Kohlenhydrate 12g Fett 16g p/ Portion

Avocado-Ratatouille

🍴 4 Portionen

🕐 Vorbereitungszeit: ca. 10 Minuten
Kochzeit: ca. 15-20 Minuten

ZUTATEN

- 2 Avocados, entkernt und in Scheiben geschnitten
- 1 mittelgroße Zucchini, in Würfel geschnitten
- 1 rote Paprika, in Würfel geschnitten
- 1 gelbe Paprika, in Würfel geschnitten
- 1 Aubergine, in Würfel geschnitten
- 2 Knoblauchzehen, gehackt
- 1 Dose (400 g) gehackte Tomaten
- 2 EL Olivenöl
- 1 TL getrocknetes Basilikum
- 1 TL getrockneter Oregano
- Salz und Pfeffer nach Geschmack
- Frische Petersilie zum Garnieren

ZUBEREITUNG

1.In einer großen Pfanne das Olivenöl erhitzen und den gehackten Knoblauch hinzufügen. Unter ständigem Rühren für etwa 1 Minute anbraten, bis der Knoblauch duftet.

2.Die Zucchini, rote Paprika, gelbe Paprika und Aubergine in die Pfanne geben. Bei mittlerer Hitze für etwa 8-10 Minuten braten, bis das Gemüse leicht weich wird.

3.Die gehackten Tomaten sowie das Basilikum und den Oregano hinzufügen. Mit Salz und Pfeffer würzen. Gut umrühren und für weitere 5 Minuten köcheln lassen, bis das Gemüse vollständig gegart ist und die Sauce leicht eingedickt ist.

4.Die Avocadoscheiben vorsichtig unter das Ratatouillegemüse heben, um sie zu erwärmen.

5.Das Avocado-Ratatouille auf Teller verteilen und mit frisch gehackter Petersilie garnieren.

Kalorien 230kcal Eiweiß 4g Kohlenhydrate 18g Fett 18g p/ Portion

Gemüsespieße mit Halloumi

🍴 4 Portionen

🕐 Vorbereitungszeit: ca. 15 Minuten
Grillzeit: ca. 8-10 Minuten

ZUTATEN

- 250 g Halloumi-Käse, in Würfel geschnitten
- 1 rote Paprika, in große Stücke geschnitten
- 1 gelbe Paprika, in große Stücke geschnitten
- 1 Zucchini, in dicke Scheiben geschnitten
- 1 rote Zwiebel, in große Stücke geschnitten
- 8-10 Kirschtomaten
- 2 EL Olivenöl
- 2 Knoblauchzehen, fein gehackt
- Saft einer halben Zitrone
- 1 TL Paprikapulver
- Salz und Pfeffer nach Geschmack
- Holzspieße, eingeweicht

ZUBEREITUNG

1.In einer Schüssel das Olivenöl, den gehackten Knoblauch, den Zitronensaft, das Paprikapulver, Salz und Pfeffer vermengen, um eine Marinade herzustellen.

2.Die Halloumi-Würfel und das geschnittene Gemüse in die Schüssel mit der Marinade geben und vorsichtig vermengen, um alles gut zu bedecken. Für mindestens 15-20 Minuten marinieren lassen.

3.Währenddessen den Grill vorheizen oder eine Grillpfanne auf mittlerer Hitze erhitzen.

4.Die marinierten Halloumi-Würfel und das Gemüse abwechselnd auf die Holzspieße stecken.

5.Die Gemüsespieße auf den Grill oder in die Grillpfanne legen und für etwa 8-10 Minuten grillen, dabei gelegentlich wenden, bis das Gemüse weich ist und Grillstreifen aufweist.

6.Die fertigen Gemüsespieße mit Halloumi servieren und nach Belieben mit frischen Kräutern garnieren.

Kalorien 250kcal Eiweiß 15g Kohlenhydrate 10g Fett 8g p/ Portion

Gebratener Tofu mit Brokkoli und Erdnusssoße

🍴 4 Portionen

🕐 Vorbereitungszeit: ca. 10 Minuten
Kochzeit: ca. 20 Minuten

ZUTATEN

- 400 g fester Tofu, in Würfel geschnitten
- 2 Tassen Brokkoliröschen
- 2 EL Erdnussbutter (ungesüßt)
- 2 EL Sojasoße
- 1 EL Reisessig
- 1 EL Sesamöl
- 1 Knoblauchzehe, gehackt
- 1 TL Ingwer, gerieben
- 1 TL Honig oder Süßungsmittel nach Wahl (optional)
- 2 EL Wasser
- 1 EL Sesamsamen, zum Garnieren
- Salz und Pfeffer nach Geschmack
- 1 EL Kokosöl zum Braten

ZUBEREITUNG

1.Den Tofu in Küchenpapier wickeln und etwas Druck ausüben, um überschüssiges Wasser zu entfernen. Dann in Würfel schneiden.

2.In einer kleinen Schüssel Erdnussbutter, Sojasoße, Reisessig, Sesamöl, Knoblauch, Ingwer, Honig (falls verwendet) und Wasser zu einer Soße verrühren. Bei Bedarf mit Salz und Pfeffer abschmecken.

3.Das Kokosöl in einer Pfanne bei mittlerer Hitze erhitzen. Die Tofuwürfel in die Pfanne geben und goldbraun anbraten, dabei gelegentlich wenden. Dies dauert etwa 8-10 Minuten. Den gebratenen Tofu aus der Pfanne nehmen und beiseite stellen.

4.In derselben Pfanne die Brokkoliröschen hinzufügen und etwa 5-7 Minuten braten, bis sie zart sind, aber immer noch eine leichte Bissfestigkeit haben.

5.Den gebratenen Tofu wieder in die Pfanne geben und die Erdnusssoße darüber gießen. Alles gut vermengen und für weitere 2-3 Minuten köcheln lassen, bis die Soße etwas eingedickt ist und der Tofu gut durcherwärmt ist.

6.Mit Sesamsamen bestreuen und sofort servieren.

Kalorien 280kcal Eiweiß 16g Kohlenhydrate 10g Fett 20g p/ Portion

Kürbis-Kokos-Curry

🍴 4 Portionen

🕐 Vorbereitungszeit: ca. 15 Minuten
Kochzeit: ca. 25 Minuten

ZUTATEN

- 500 g Kürbis, geschält und in Würfel geschnitten
- 1 Dose Kokosmilch (ca. 400 ml)
- 1 Zwiebel, fein gehackt
- 2 Knoblauchzehen, gehackt
- 1 TL Ingwer, gerieben
- 1 rote Paprika, in Streifen geschnitten
- 1 kleine Zucchini, in Würfel geschnitten
- 1 Karotte, in Scheiben geschnitten
- 1 EL Currypulver
- 1 TL Kurkuma
- 1 TL Kreuzkümmel
- 1 TL Paprikapulver
- 1 EL Kokosöl
- Salz und Pfeffer nach Geschmack
- Frischer Koriander oder Petersilie zum Garnieren
- Optional: Chili nach Geschmack für eine würzige Note

ZUBEREITUNG

1.In einem großen Topf das Kokosöl erhitzen. Die gehackte Zwiebel, Knoblauch und Ingwer hinzufügen und glasig dünsten.

2.Die Kürbiswürfel hinzufügen und für etwa 5 Minuten anbraten, bis sie leicht gebräunt sind.

3.Die Paprika, Zucchini und Karotte dazugeben und für weitere 5 Minuten mitbraten.

4.Die Gewürze (Currypulver, Kurkuma, Kreuzkümmel, Paprikapulver) hinzufügen und gut vermengen, bis das Gemüse gleichmäßig damit bedeckt ist.

5.Die Kokosmilch hinzufügen, umrühren und zum Kochen bringen. Dann die Hitze reduzieren und das Curry bei niedriger Hitze köcheln lassen, bis das Gemüse weich ist und die Sauce etwas eingedickt ist. Dies dauert etwa 15-20 Minuten.

6.Das Curry mit Salz und Pfeffer abschmecken und nach Belieben mit frischem Koriander oder Petersilie garnieren.

Kalorien 220kcal Eiweiß 4g Kohlenhydrate 18g Fett 15g p/ Portion

Blumenkohlreis mit Gemüse und Rührei

🍴 4 Portionen

🕐 Vorbereitungszeit: ca. 10 Minuten
Kochzeit: ca. 15 Minuten

ZUTATEN

- 1 mittelgroßer Blumenkohl
- 2 EL Kokosöl oder Olivenöl
- 1 Zwiebel, gehackt
- 2 Knoblauchzehen, gehackt
- 1 rote Paprika, in Streifen geschnitten
- 1 gelbe Paprika, in Streifen geschnitten
- 1 Karotte, in dünnen Scheiben
- 100 g Erbsen (frisch oder gefroren)
- 4 Eier
- Salz und Pfeffer nach Geschmack
- Frischer Koriander oder Petersilie zum Garnieren (optional)

ZUBEREITUNG

1.Den Blumenkohl waschen und in kleine Röschen teilen. Die Röschen in einen Küchenmixer geben und pulsieren, bis sie eine reisähnliche Konsistenz haben.

2.In einer großen Pfanne das Kokosöl erhitzen. Die gehackte Zwiebel und den Knoblauch hinzufügen und glasig dünsten.

3.Die Blumenkohlreiskörner in die Pfanne geben und etwa 5-7 Minuten braten, bis sie weich werden. Dabei gelegentlich umrühren.

4.Die Paprika, Karotte und Erbsen hinzufügen und für weitere 5 Minuten mitbraten, bis das Gemüse weich ist. Mit Salz und Pfeffer abschmecken.

5.Während das Gemüse brät, in einer separaten Pfanne die Eier zu Rührei verarbeiten. Die Eier in die Pfanne geben und bei mittlerer Hitze unter ständigem Rühren kochen, bis sie gestockt sind.

6.Das Rührei über das Blumenkohlreisgemüse geben und vorsichtig unterheben, bis alles gut vermengt ist.

7.Das Gericht nach Belieben mit frischem Koriander oder Petersilie garnieren und servieren.

Kalorien 180kcal Eiweiß 8g Kohlenhydrate 12g Fett 10g p/ Portion

Gebackener Feta mit Paprika und Oliven

🍴 2 Portionen

🕐 Vorbereitungszeit: ca. 5 Minuten
Kochzeit: ca. 15-20 Minuten

ZUTATEN

- 200 g Feta-Käse
- 1 rote Paprika, in Streifen geschnitten
- 1 gelbe Paprika, in Streifen geschnitten
- 8-10 entkernte Oliven (schwarz oder grün), halbiert
- 2 EL Olivenöl
- 1 TL getrockneter Oregano
- 1 TL getrockneter Thymian
- Salz und Pfeffer nach Geschmack
- Frische Petersilie zum Garnieren (optional)

ZUBEREITUNG

1.Den Ofen auf 200°C vorheizen.

2.Den Feta-Käse in eine kleine Auflaufform oder eine backfeste Pfanne legen.

3.Die Paprikastreifen und Oliven um den Feta herum verteilen.

4.Das Olivenöl über den Feta und das Gemüse gießen. Mit Oregano, Thymian, Salz und Pfeffer würzen.

5.Die Auflaufform oder Pfanne in den vorgeheizten Ofen geben und für ca. 15-20 Minuten backen, bis der Feta leicht goldbraun und die Paprika weich ist.

6.Den gebackenen Feta aus dem Ofen nehmen und mit frischer Petersilie garnieren, falls gewünscht.

7.Den gebackenen Feta warm servieren.

Kalorien 280kcal Eiweiß 12g Kohlenhydrate 8g Fett 23g p/ Portion

Zucchini-Spinat-Frittata

🍴 4 Portionen

🕐 Vorbereitungszeit: ca. 10 Minuten
Kochzeit: ca. 20 Minuten

ZUTATEN

- 4 Eier
- 1 mittelgroße Zucchini, in dünne Scheiben geschnitten
- 100 g frischer Spinat, grob gehackt
- 1 Zwiebel, gehackt
- 2 Knoblauchzehen, gehackt
- 50 g geriebener Parmesan oder anderer Käse nach Wahl
- 2 EL Olivenöl
- Salz und Pfeffer nach Geschmack
- Frische Kräuter zum Garnieren (optional)

ZUBEREITUNG

1.Den Backofen auf 180°C vorheizen.

2.In einer großen, backofenfesten Pfanne das Olivenöl erhitzen. Die gehackte Zwiebel und den Knoblauch hinzufügen und glasig dünsten.

3.Die Zucchinischeiben hinzufügen und etwa 5 Minuten braten, bis sie weich werden.

4.Den gehackten Spinat hinzufügen und kurz mitbraten, bis er zusammengefallen ist.

5.In einer Schüssel die Eier verquirlen und mit Salz und Pfeffer würzen.

6.Die Eiermischung über das Gemüse in der Pfanne gießen. Vorsichtig umrühren, damit das Gemüse gleichmäßig verteilt ist.

7.Den geriebenen Käse über die Mischung streuen.

8.Die Pfanne in den vorgeheizten Ofen stellen und die Frittata etwa 15-20 Minuten backen, bis sie goldbraun und fest ist.

9.Die Frittata aus dem Ofen nehmen und vor dem Servieren kurz abkühlen lassen. Mit frischen Kräutern garnieren, falls gewünscht.

Kalorien 180kcal Eiweiß 10g Kohlenhydrate 6g Fett 12g p/ Portion

Gefüllte Paprika mit Quinoa und Gemüse

🍴 4 Portionen

🕐 Vorbereitungszeit: ca. 20 Minuten
Kochzeit: ca. 35 Minuten

ZUTATEN

- 4 große Paprikaschoten (verschiedene Farben)
- 1 Tasse Quinoa, ungekocht
- 1 Zwiebel, gehackt
- 2 Knoblauchzehen, gehackt
- 1 mittelgroße Zucchini, gewürfelt
- 1 rote Paprika, gewürfelt
- 1 gelbe Paprika, gewürfelt
- 1 Dose gehackte Tomaten (400 g)
- 100 g geriebener Käse (z.B. Parmesan oder Cheddar)
- 2 EL Olivenöl
- Salz und Pfeffer nach Geschmack
- Frische Kräuter zum Garnieren (optional)

ZUBEREITUNG

1.Den Backofen auf 200°C vorheizen.

2.Die Quinoa gemäß den Anweisungen auf der Verpackung kochen, bis sie gar ist.

3.In einer Pfanne 1 EL Olivenöl erhitzen. Die gehackte Zwiebel und den Knoblauch hinzufügen und glasig dünsten.

4.Die gewürfelte Zucchini und Paprika hinzufügen und etwa 5 Minuten braten, bis das Gemüse weich ist.

5.Die gehackten Tomaten hinzufügen und alles gut vermengen. Mit Salz und Pfeffer abschmecken. Die Pfanne vom Herd nehmen.

6.Die gekochte Quinoa zu der Gemüsemischung in der Pfanne geben und gut vermischen.

7.Die Paprikaschoten halbieren und die Kerne und weißen Membranen entfernen. Die Quinoa-Gemüse-Mischung gleichmäßig in die Paprikahälften füllen.

8.Die gefüllten Paprikahälften in eine Auflaufform geben. Mit geriebenem Käse bestreuen.

9.Die gefüllten Paprikahälften mit Aluminiumfolie abdecken und etwa 30-35 Minuten backen, bis die Paprika weich ist und der Käse geschmolzen und leicht gebräunt ist.

10. Die gefüllten Paprikahälften aus dem Ofen nehmen und vor dem Servieren mit frischen Kräutern garnieren, falls gewünscht.

Kalorien 250kcal Eiweiß 9g Kohlenhydrate 30g Fett 10g p/ Portion

Gebratener Halloumi mit Rucolasalat

🍴 2 Portionen

🕐 Vorbereitungszeit: ca. 10 Minuten
Kochzeit: ca. 5 Minuten

ZUTATEN

- 250 g Halloumi-Käse, in Scheiben geschnitten
- 100 g Rucola
- 1 rote Paprika, in Streifen geschnitten
- 1 gelbe Paprika, in Streifen geschnitten
- 1 EL Olivenöl
- 1 EL Zitronensaft
- Salz und Pfeffer nach Geschmack
- Frische Kräuter zum Garnieren (optional)

ZUBEREITUNG

1.Den Rucola waschen und trocken tupfen. Die Paprikastreifen ebenfalls waschen und abtropfen lassen.

2.Den Halloumi-Käse in einer Pfanne mit heißem Olivenöl von beiden Seiten goldbraun braten, bis er knusprig ist, ca. 2-3 Minuten pro Seite.

3.Während der Käse brät, den Rucola und die Paprikastreifen auf einem Teller anrichten.

4.Den gebratenen Halloumi auf den Salat legen.

5.Den Zitronensaft über den Salat träufeln und mit Salz und Pfeffer würzen.

6.Mit frischen Kräutern garnieren, falls gewünscht.

Kalorien 300kcal Eiweiß 18g Kohlenhydrate 6g Fett 24g p/ Portion

Gebackene Tomaten mit Mozzarella und Basilikum

🍴 4 Portionen

🕐 Vorbereitungszeit: ca. 10 Minuten
Kochzeit: ca. 15-20 Minuten

ZUTATEN

- 4 große Tomaten
- 200 g Mozzarella, in Scheiben geschnitten
- Frische Basilikumblätter
- 2 EL Olivenöl
- Salz und Pfeffer nach Geschmack
- Optional: Balsamico-Glacé zum Servieren

ZUBEREITUNG

1.Den Backofen auf 200°C vorheizen.

2.Die Tomaten waschen und halbieren. Die Stielansätze entfernen.

3.Die Tomatenhälften mit einem Löffel vorsichtig aushöhlen, um Platz für den Mozzarella und das Basilikum zu schaffen.

4.Die Mozzarellascheiben in die ausgehöhlten Tomatenhälften legen.

5.Ein paar Basilikumblätter auf den Mozzarella legen und die Tomatenhälften mit Salz und Pfeffer würzen.

6.Die gefüllten Tomatenhälften auf ein mit Backpapier ausgelegtes Backblech legen und mit Olivenöl beträufeln.

7.Die gefüllten Tomaten etwa 15-20 Minuten backen, bis der Mozzarella geschmolzen und leicht gebräunt ist und die Tomaten weich sind.

8.Die gebackenen Tomaten aus dem Ofen nehmen und sofort servieren. Optional mit Balsamico-Glacé beträufeln.

Kalorien 280kcal Eiweiß 18g Kohlenhydrate 5g Fett 20g p/ Portion

Gemüse-Curry mit Kokosmilch und Tofu

🍴 2 Portionen

🕐 Vorbereitungszeit: ca. 10 Minuten
Kochzeit: ca. 20 Minuten

ZUTATEN

- 200 g fester Tofu, in Würfel geschnitten
- 1 Zwiebel, gehackt
- 2 Knoblauchzehen, gehackt
- 1 rote Paprika, in Streifen geschnitten
- 1 gelbe Paprika, in Streifen geschnitten
- 1 kleine Zucchini, in Scheiben geschnitten
- 1 Karotte, geschält und in dünne Scheiben geschnitten
- 200 ml ungesüßte Kokosmilch
- 2 EL rote Currypaste
- 1 EL Kokosöl
- 1 TL Ingwer, gerieben
- Salz und Pfeffer nach Geschmack
- Frischer Koriander zum Servieren (optional)

ZUBEREITUNG

1.Das Kokosöl in einer Pfanne erhitzen. Die Zwiebel und den Knoblauch hinzufügen und bei mittlerer Hitze glasig dünsten.

2.Die rote Currypaste und den geriebenen Ingwer hinzufügen und für etwa 1 Minute anbraten, bis das Aroma freigesetzt wird.

3.Die Paprika, Zucchini und Karotten hinzufügen und für weitere 5 Minuten braten, bis das Gemüse leicht weich wird.

4.Die Kokosmilch hinzufügen und gut umrühren. Das Curry zum Kochen bringen und dann die Hitze reduzieren.

5.Die Tofuwürfel vorsichtig in das Curry geben und etwa 10-15 Minuten köcheln lassen, bis das Gemüse gar ist und der Tofu erwärmt ist.

6.Mit Salz und Pfeffer abschmecken.

7.Das Gemüse-Curry heiß servieren, optional mit frischem Koriander garnieren.

Kalorien 300kcal Eiweiß 10g Kohlenhydrate 15g Fett 20g p/ Portion

Grüner Spargel mit Mandel-Parmesan-Kruste

🍴 2 Portionen

🕐 Vorbereitungszeit: ca. 10 Minuten
Koch-/Backzeit: ca. 15-20 Minuten

ZUTATEN

- 500 g grüner Spargel, holzige Enden entfernt
- 50 g Mandelblättchen
- 50 g Parmesan, gerieben
- 2 EL Olivenöl
- Salz und Pfeffer nach Geschmack
- Zitronenspalten zum Servieren

ZUBEREITUNG

1.Den Backofen auf 200°C vorheizen.

2.Die Mandelblättchen und den geriebenen Parmesan in einer Schüssel vermischen.

3.Den grünen Spargel auf ein mit Backpapier ausgelegtes Backblech legen.

4.Den Spargel mit Olivenöl beträufeln und mit Salz und Pfeffer würzen.

5.Die Mandel-Parmesan-Mischung gleichmäßig über den Spargel streuen, so dass er vollständig bedeckt ist.

6.Den Spargel für ca. 15-20 Minuten im vorgeheizten Backofen backen, bis die Mandel-Parmesan-Kruste goldbraun ist und der Spargel gar, aber noch knackig ist.

7.Den gebackenen Spargel aus dem Ofen nehmen und mit Zitronenspalten servieren.

Kalorien 180kcal Eiweiß 8g Kohlenhydrate 6g Fett 14g p/ Portion

Gegrillte
Auberginenscheiben mit
Ricotta und Tomaten

🍴 2 Portionen

🕐 Vorbereitungszeit: ca. 15 Minuten
Grillzeit: ca. 8-10 Minuten

ZUTATEN

- 1 große Aubergine, in längliche Scheiben geschnitten
- 150 g Ricotta-Käse
- 2 Tomaten, in Scheiben geschnitten
- 2 Knoblauchzehen, fein gehackt
- 2 EL Olivenöl
- Frische Basilikumblätter zum Garnieren
- Salz und Pfeffer nach Geschmack

ZUBEREITUNG

1.Die Auberginenscheiben salzen und für etwa 15 Minuten beiseite stellen, damit die Bitterstoffe entweichen können. Danach mit einem Papiertuch abtupfen, um überschüssige Feuchtigkeit zu entfernen.

2.Den Grill vorheizen oder eine Grillpfanne auf mittlere Hitze bringen.

3.Die Auberginenscheiben mit Olivenöl bestreichen und auf dem Grill oder in der Grillpfanne von beiden Seiten grillen, bis sie weich und leicht gebräunt sind. Dies dauert in der Regel etwa 3-4 Minuten pro Seite.

4.Während die Auberginen gegrillt werden, den Ricotta-Käse mit gehacktem Knoblauch vermischen und mit Salz und Pfeffer abschmecken.

5.Die gegrillten Auberginenscheiben auf einem Teller anrichten. Jeweils einen Esslöffel Ricotta-Knoblauch-Mischung auf jede Scheibe geben und mit einer Scheibe Tomate belegen.

6.Mit frischen Basilikumblättern garnieren und servieren.

Kalorien 200kcal Eiweiß 8g Kohlenhydrate 10g Fett 15g p/ Portion

Gemüsepfanne mit Ei

🍴 2 Portionen

🕐 Vorbereitungszeit: ca. 10 Minuten
Kochzeit: ca. 15 Minuten

ZUTATEN

- 2 EL Olivenöl
- 1 Zwiebel, gehackt
- 2 Knoblauchzehen, gehackt
- 1 Paprika, in Streifen geschnitten
- 1 Zucchini, in Scheiben geschnitten
- 100 g Cherrytomaten, halbiert
- 2 Handvoll Spinat
- 4 Eier
- Salz und Pfeffer nach Geschmack
- Optional: Frische Kräuter zum Garnieren

ZUBEREITUNG

1.Das Olivenöl in einer großen Pfanne erhitzen. Zwiebel und Knoblauch hinzufügen und etwa 2 Minuten anschwitzen, bis sie weich sind und duften.

2.Die Paprikastreifen und Zucchinischeiben hinzufügen und für weitere 5 Minuten braten, bis sie weich werden.

3.Die halbierten Cherrytomaten hinzufügen und für 2 Minuten mitbraten.

4.Den Spinat in die Pfanne geben und zusammenfallen lassen. Mit Salz und Pfeffer würzen.

5.Mit einem Löffel vier Vertiefungen in das Gemüse machen und jeweils ein Ei vorsichtig hineinschlagen.

6.Die Pfanne abdecken und die Eier bei mittlerer Hitze etwa 5-7 Minuten lang garen, je nachdem, wie weich oder fest du sie magst.

7.Die Pfanne vom Herd nehmen und die Eier mit Salz und Pfeffer würzen. Nach Belieben mit frischen Kräutern garnieren und servieren.

Kalorien 220kcal Eiweiß 12g Kohlenhydrate 9g Fett 16g p/ Portion

Hast du über Gemüse gewusst ...

1. Reich an Nährstoffen: Gemüse ist eine ausgezeichnete Quelle für Vitamine, Mineralien, Ballaststoffe und Antioxidantien. Diese Nährstoffe sind wichtig für die Gesundheit und unterstützen verschiedene Funktionen im Körper.

2. Niedriger Kaloriengehalt: Gemüse ist in der Regel kalorienarm, was es zu einer idealen Wahl für eine gesunde Ernährung macht. Es ermöglicht es, große Portionen zu essen, ohne zu viele Kalorien aufzunehmen, was bei der Gewichtskontrolle helfen kann.

3. Ballaststoffreich: Gemüse enthält Ballaststoffe, die wichtig für eine gesunde Verdauung sind. Ballaststoffe fördern die Darmgesundheit, regulieren den Stuhlgang und können dazu beitragen, das Risiko für bestimmte Krankheiten wie Herzkrankheiten, Diabetes und Darmkrebs zu reduzieren.

4. Antioxidantien: Viele Gemüsesorten enthalten antioxidative Verbindungen wie Vitamin C, Vitamin E, Beta-Carotin und Flavonoide. Diese Antioxidantien schützen die Zellen vor Schäden durch freie Radikale und können das Risiko für chronische Krankheiten wie Krebs und Herzerkrankungen verringern.

5. Entzündungshemmende Eigenschaften: Einige Gemüsesorten haben entzündungshemmende Eigenschaften und können dazu beitragen, Entzündungen im Körper zu reduzieren. Dies kann insbesondere für Menschen mit entzündlichen Erkrankungen wie Arthritis von Vorteil sein.

6. Blutzuckerspiegel regulieren: Gemüse mit einem niedrigen glykämischen Index kann dazu beitragen, den Blutzuckerspiegel stabil zu halten und das Risiko für Diabetes zu verringern.

7. Unterstützung der Herzgesundheit: Eine Ernährung, die reich an Gemüse ist, kann dazu beitragen, das Risiko für Herzkrankheiten zu reduzieren, da sie den Cholesterinspiegel senken, den Blutdruck regulieren und die Gesundheit der Blutgefäße verbessern kann.

8. Vielfalt an Sorten: Gemüse gibt es in einer Vielzahl von Sorten, Farben und Texturen, was es einfach macht, eine abwechslungsreiche und ausgewogene Ernährung zu genießen.

9. Vielseitigkeit in der Zubereitung: Gemüse kann auf verschiedene Arten zubereitet werden, darunter roh, gekocht, gedünstet, gegrillt oder gebacken. Dies ermöglicht eine Vielzahl von Geschmacksrichtungen und Zubereitungsmethoden.

Fisch

Hauptgerichte

Gebackener Lachs mit Zitronen-Kräuter-Kruste

🍴 4 Portionen

🕐 Vorbereitungszeit: ca. 20 Minuten
Backzeit: ca. 12 - 15 Minuten

ZUTATEN

- 4 Lachsfilets (je ca. 150 g)
- 2 EL Olivenöl
- Saft und abgeriebene Schale von 1 Zitrone
- 2 Knoblauchzehen, gehackt
- 2 EL gehackte frische Kräuter (z.B. Petersilie, Dill, Thymian)
- Salz und Pfeffer nach Geschmack

ZUBEREITUNG

1.Den Ofen auf 200°C vorheizen und eine Backform leicht einfetten oder mit Backpapier auslegen.

2.Die Lachsfilets abspülen und trocken tupfen. Mit Salz und Pfeffer würzen und in die vorbereitete Backform legen.

3.In einer kleinen Schüssel Olivenöl, Zitronensaft und -schale, gehackten Knoblauch und gehackte Kräuter vermengen.

4.Die Zitronen-Kräuter-Mischung gleichmäßig über die Lachsfilets verteilen.

5.Den Lachs im vorgeheizten Ofen etwa 12-15 Minuten backen, bis er durchgegart ist und leicht bräunlich wird.

6.Den gebackenen Lachs aus dem Ofen nehmen und mit frischen Kräutern garnieren.

7.Servieren und genießen!

Kalorien 300kcal Eiweiß 30g Kohlenhydrate 1g Fett 20g p/ Portion

Gegrillter Thunfisch mit Avocado-Salsa

🍴 4 Portionen

🕐 Gesamtzubereitungszeit: 15 - 20 Minuten

ZUTATEN

- 4 Thunfischsteaks (je ca. 150 g)
- 2 Avocados, entkernt und gewürfelt
- 1 Tomate, gewürfelt
- 1/4 rote Zwiebel, fein gehackt
- 1 kleine Jalapeño, entkernt und fein gehackt
- Saft von 1 Limette
- 2 EL gehackter frischer Koriander
- Salz und Pfeffer nach Geschmack
- 2 EL Olivenöl

ZUBEREITUNG

1.Die Thunfischsteaks mit Salz und Pfeffer würzen und beiseite legen.

2.In einer Schüssel die gewürfelten Avocados, Tomaten, roten Zwiebeln, Jalapeño, Limettensaft, gehackten Koriander sowie Salz und Pfeffer vermengen, um die Avocado-Salsa zuzubereiten.

3.Den Grill auf mittlere Hitze vorheizen.

4.Die Thunfischsteaks mit Olivenöl bestreichen und auf den Grill legen. Etwa 2-3 Minuten pro Seite grillen, je nach gewünschtem Garzustand.

5.Die gegrillten Thunfischsteaks auf Teller geben und mit der Avocado-Salsa servieren.

6.Nach Belieben mit zusätzlichen frischen Korianderblättern garnieren.

7.Servieren und genießen!

Kalorien 300kcal Eiweiß 28g Kohlenhydrate 8g Fett 18g p/ Portion

Gedünsteter Seebarsch mit Tomaten und Oliven

🍴 4 Portionen

🕐 Gesamtzubereitungszeit: 20 - 25 Minuten

_____

ZUTATEN

- 4 Seebarschfilets (je ca. 150 g)
- 2 EL Olivenöl
- 2 Knoblauchzehen, fein gehackt
- 1 Zwiebel, fein gehackt
- 400 g Tomaten, gewürfelt
- 1/4 Tasse entsteinte schwarze Oliven, halbiert
- 2 EL Kapern
- Salz und Pfeffer nach Geschmack
- Frische Petersilie oder Basilikum zum Garnieren

ZUBEREITUNG

1.Die Seebarschfilets mit Salz und Pfeffer würzen.

2.In einer großen Pfanne das Olivenöl bei mittlerer Hitze erhitzen. Knoblauch und Zwiebel hinzufügen und für 2-3 Minuten anschwitzen, bis sie duftend sind.

3.Die gewürfelten Tomaten, Oliven und Kapern hinzufügen und etwa 5 Minuten köcheln lassen, bis die Tomaten weich sind und eine dickere Sauce entsteht.

4.Die Seebarschfilets vorsichtig in die Pfanne legen, so dass sie in die Tomatensauce eingebettet sind. Die Pfanne abdecken und den Fisch etwa 8-10 Minuten lang sanft köcheln lassen, bis er durchgegart ist und leicht mit einer Gabel zu zerfallen beginnt.

5.Die gedünsteten Seebarschfilets auf Teller verteilen und mit der Tomaten-Oliven-Sauce übergießen.

6.Nach Belieben mit frischer Petersilie oder Basilikum garnieren.

7.Servieren und genießen!

Kalorien 250kcal Eiweiß 28g Kohlenhydrate 8g Fett 12g p/ Portion

Ofen-gebackener Zander mit Paprika-Knoblauch-Butter

🍴 4 Portionen

🕐 Gesamtzubereitungszeit: 25 Minuten

ZUTATEN

- 4 Zanderfilets (je ca. 150 g)
- 2 rote Paprikaschoten, entkernt und in dünne Streifen geschnitten
- 4 Knoblauchzehen, fein gehackt
- 4 EL Butter, geschmolzen
- Saft einer halben Zitrone
- Salz und Pfeffer nach Geschmack
- Frische Petersilie zum Garnieren

ZUBEREITUNG

1.Den Ofen auf 200°C vorheizen.

2.Die Zanderfilets abspülen und trocken tupfen. Mit Salz und Pfeffer würzen und in eine Auflaufform legen.

3.Die Paprikastreifen über den Zanderfilets verteilen.

4.In einer kleinen Schüssel den gehackten Knoblauch mit der geschmolzenen Butter und dem Zitronensaft vermischen.

5.Die Knoblauch-Butter-Mischung gleichmäßig über die Zanderfilets und Paprikastreifen gießen.

6.Die Auflaufform mit Aluminiumfolie abdecken und für 15-20 Minuten backen, bis der Zander durchgegart ist und leicht mit einer Gabel zu zerfallen beginnt.

7.Die Aluminiumfolie entfernen und die Zanderfilets unter dem Grill für weitere 2-3 Minuten bräunen lassen, bis sie leicht knusprig sind.

8.Mit frischer Petersilie garnieren und servieren.

Kalorien 300kcal Eiweiß 30g Kohlenhydrate 4g Fett 18g p/ Portion

Gebratene Forelle mit Mandelkruste

🍴 4 Portionen

🕐 Gesamtzubereitungszeit: 15 Minuten

_____

ZUTATEN

- 4 Forellenfilets (je ca. 150 g)
- 100 g Mandelblättchen
- 2 EL Olivenöl
- Saft einer Zitrone
- Salz und Pfeffer nach Geschmack
- Frische Petersilie zum Garnieren

ZUBEREITUNG

1.Die Forellenfilets unter kaltem Wasser abspülen und trocken tupfen.

2.Die Mandelblättchen in einer Pfanne ohne Öl goldbraun rösten, dabei ständig rühren, damit sie nicht anbrennen. Anschließend auf einem Teller abkühlen lassen.

3.Die Forellenfilets mit Zitronensaft beträufeln und mit Salz und Pfeffer würzen.

4.Die gerösteten Mandelblättchen auf einem flachen Teller verteilen. Die gewürzten Forellenfilets darin wenden, sodass sie rundherum mit den Mandeln bedeckt sind.

5.Das Olivenöl in einer Pfanne erhitzen. Die Forellenfilets vorsichtig in die Pfanne geben und bei mittlerer Hitze von jeder Seite etwa 3-4 Minuten braten, bis sie goldbraun und durchgegart sind.

6.Die gebratenen Forellenfilets auf einem Teller anrichten, mit frischer Petersilie garnieren und servieren.

Kalorien 350kcal Eiweiß 30g Kohlenhydrate 4g Fett 25g p/ Portion

Thunfischsteaks mit Sesamkruste und Pak Choi

🍴 4 Portionen

🕐 Gesamtzubereitungszeit: 25 Minuten

ZUTATEN

- 4 Thunfischsteaks (je ca. 150 g)
- 4 EL Sesamkörner (weiß oder schwarz)
- 2 EL Sojasauce
- 1 EL Honig oder Ersatzstoff nach Wahl
- 1 EL geriebener frischer Ingwer
- 2 Knoblauchzehen, gehackt
- 2 EL Sesamöl
- 4 Pak Choi, halbiert
- Salz und Pfeffer nach Geschmack
- Optional: Frühlingszwiebeln und Limettenspalten zum Servieren

ZUBEREITUNG

1.Die Thunfischsteaks trocken tupfen und mit Salz und Pfeffer würzen.

2.Die Sesamkörner auf einem flachen Teller verteilen und die Thunfischsteaks darin wenden, sodass sie rundherum mit den Sesamkörnern bedeckt sind.

3.In einer kleinen Schüssel Sojasauce, Honig, Ingwer und Knoblauch vermischen, um eine Marinade herzustellen.

4.Die Hälfte der Marinade über die Thunfischsteaks gießen und gleichmäßig verteilen. Die Steaks etwa 10-15 Minuten marinieren lassen.

5.Währenddessen den Pak Choi halbieren und gründlich waschen.

6.In einer großen Pfanne oder auf einem Grill Sesamöl erhitzen. Die Thunfischsteaks darin von jeder Seite etwa 2-3 Minuten braten oder grillen, je nach gewünschtem Garzustand.

7.In derselben Pfanne oder auf dem Grill den Pak Choi mit der restlichen Marinade bei mittlerer Hitze etwa 3-4 Minuten von jeder Seite garen, bis er weich ist und leicht gebräunt ist.

8.Die Thunfischsteaks und der Pak Choi auf Tellern anrichten. Optional mit Frühlingszwiebeln und Limettenspalten garnieren und servieren.

Kalorien 250kcal Eiweiß 30g Kohlenhydrate 7g Fett 12g p/ Portion

Gebackener Makrelenfilet mit Rucola-Pesto

 4 Portionen

🕐 Gesamtzubereitungszeit: 25 Minuten

ZUTATEN

- 4 Makrelenfilets
- 100 g Rucola
- 50 g Parmesan, gerieben
- 50 g Pinienkerne
- 2 Knoblauchzehen
- Saft einer halben Zitrone
- 100 ml Olivenöl
- Salz und Pfeffer nach Geschmack

ZUBEREITUNG

1.Den Backofen auf 180°C vorheizen und eine Backform mit Backpapier auslegen.

2.Die Makrelenfilets waschen, trocken tupfen und mit Salz und Pfeffer würzen. In die vorbereitete Backform legen.

3.Für das Rucola-Pesto den Rucola, Parmesan, Pinienkerne, Knoblauch, Zitronensaft und Olivenöl in einen Mixer geben und zu einer cremigen Paste pürieren. Mit Salz und Pfeffer abschmecken.

4.Das Rucola-Pesto gleichmäßig auf den Makrelenfilets verteilen.

5.Die Makrelenfilets im vorgeheizten Ofen etwa 15-20 Minuten backen, bis sie gar sind und das Pesto leicht gebräunt ist.

6.Die gebackenen Makrelenfilets mit Rucola-Pesto servieren und nach Wunsch mit frischen Kräutern oder Zitronenspalten garnieren.

Kalorien 300kcal Eiweiß 24g Kohlenhydrate 2g Fett 22g p/ Portion

Gegrillter Lachs mit Knoblauch-Butter und Gemüsespießen

🍴 4 Portionen

🕐 Gesamtzubereitungszeit: 25 - 30 Minuten

_____

ZUTATEN

- 4 Lachsfilets (je ca. 150 g)
- 2 Zucchini
- 1 rote Paprika
- 1 gelbe Paprika
- 1 rote Zwiebel
- 2 Knoblauchzehen, gehackt
- 100 g Butter, geschmolzen
- Saft einer halben Zitrone
- Salz und Pfeffer nach Geschmack
- Frische Kräuter nach Wahl (z.B. Petersilie, Thymian)

ZUBEREITUNG

1.Die Zucchini und Paprikaschoten waschen und in gleichmäßig große Stücke schneiden. Die Zwiebel in dicke Scheiben schneiden.

2.Die Lachsfilets waschen, trocken tupfen und mit Salz und Pfeffer würzen.

3.Holzspieße in Wasser einweichen, um ein Anbrennen zu verhindern.

4.Die Gemüsestücke abwechselnd auf die Holzspieße stecken, sodass Gemüsespieße entstehen.

5.Den Grill vorheizen.

6.Für die Knoblauch-Butter den gehackten Knoblauch mit der geschmolzenen Butter vermengen. Mit Zitronensaft, Salz und Pfeffer abschmecken.

7.Die Gemüsespieße auf den Grill legen und für etwa 10-15 Minuten grillen, bis sie leicht gebräunt und gar sind. Gelegentlich wenden.

8.Währenddessen die Lachsfilets auf den Grill legen und für etwa 5-7 Minuten grillen, bis sie durchgegart sind. Dabei einmal wenden.

9.Die gegrillten Lachsfilets und Gemüsespieße auf Tellern anrichten und mit der Knoblauch-Butter beträufeln.

10. Nach Belieben mit frischen Kräutern garnieren und servieren.

Kalorien 400kcal Eiweiß 30g Kohlenhydrate 10g Fett 25g p/ Portion

Gedünsteter Kabeljau mit grünem Spargel

🍴 4 Portionen

🕐 Gesamtzubereitungszeit: 20 - 25 Minuten

ZUTATEN

- 4 Kabeljaufilets (je ca. 150 g)
- 500 g grüner Spargel
- 2 Knoblauchzehen, gehackt
- 2 EL Olivenöl
- Saft einer halben Zitrone
- Salz und Pfeffer nach Geschmack
- Frische Petersilie zum Garnieren

ZUBEREITUNG

1. Den grünen Spargel waschen, die holzigen Enden abschneiden und in mundgerechte Stücke schneiden.

2. Die Kabeljaufilets waschen, trocken tupfen und mit Salz, Pfeffer und Zitronensaft würzen.

3. In einem großen Topf das Olivenöl erhitzen. Den gehackten Knoblauch hinzufügen und kurz anbraten, bis er duftet.

4. Den grünen Spargel in den Topf geben und für etwa 5-7 Minuten unter gelegentlichem Rühren dünsten, bis er leicht bissfest ist.

5. Die gewürzten Kabeljaufilets vorsichtig auf den Spargel legen.

6. Den Topf mit einem Deckel abdecken und den Kabeljau bei mittlerer Hitze für etwa 8-10 Minuten dünsten, bis er durchgegart ist und sich leicht mit einer Gabel teilen lässt.

7. Den gedünsteten Kabeljau mit grünem Spargel auf Tellern anrichten, mit frischer Petersilie garnieren und servieren.

Kalorien 250kcal Eiweiß 30g Kohlenhydrate 6g Fett 10g p/ Portion

Forellenfilet mit Zitronen-Kräuter-Sauce

🍴 4 Portionen

🕐 Gesamtzubereitungszeit: 15 Minuten

_____

ZUTATEN

- 4 Forellenfilets (je ca. 150 g)
- 2 EL Olivenöl
- Salz und Pfeffer nach Geschmack
- 2 Knoblauchzehen, gehackt
- Saft und Abrieb von 1 Zitrone
- 2 EL frische Petersilie, gehackt
- 1 EL frischer Dill, gehackt
- 1 EL frischer Schnittlauch, gehackt
- 1 EL Butter oder Ghee

ZUBEREITUNG

1.Die Forellenfilets waschen, trocken tupfen und mit Salz und Pfeffer würzen.

2.In einer Pfanne das Olivenöl erhitzen. Die Forellenfilets mit der Hautseite nach unten in die Pfanne legen und ca. 3-4 Minuten braten, bis die Haut knusprig ist. Dann wenden und auf der anderen Seite weitere 2-3 Minuten braten, bis der Fisch durchgegart ist.

3.Währenddessen in einer kleinen Pfanne die Butter oder Ghee schmelzen. Den gehackten Knoblauch hinzufügen und kurz anbraten, bis er duftet.

4.Den Zitronensaft und -abrieb zur Pfanne geben und kurz erhitzen.

5.Die gehackten Kräuter hinzufügen und die Sauce vom Herd nehmen.

6.Die Forellenfilets auf Teller verteilen und mit der Zitronen-Kräuter-Sauce beträufeln.

Kalorien 250kcal Eiweiß 30g Kohlenhydrate 1g Fett 15g p/ Portion

Gebratener Heilbutt mit Tomaten-Oliven-Salsa

 4 Portionen

🕐 Gesamtzubereitungszeit: 20 Minuten

ZUTATEN

- 4 Heilbuttfilets (je ca. 150 g)
- Salz und Pfeffer nach Geschmack
- 2 EL Olivenöl
- 2 Tomaten, gewürfelt
- 1/4 Tasse entkernte Oliven, gehackt
- 2 EL frische Petersilie, gehackt
- 1 EL frischer Basilikum, gehackt
- Saft von 1 Zitrone
- 2 Knoblauchzehen, gehackt

ZUBEREITUNG

1.Die Heilbuttfilets waschen, trocken tupfen und mit Salz und Pfeffer würzen.

2.In einer Pfanne das Olivenöl erhitzen. Die Heilbuttfilets hinzufügen und von jeder Seite etwa 3-4 Minuten braten, bis sie durchgegart und goldbraun sind. Beiseite stellen und warm halten.

3.Für die Tomaten-Oliven-Salsa die gewürfelten Tomaten, gehackten Oliven, gehackte Petersilie, gehackten Basilikum, Zitronensaft und gehackten Knoblauch in eine Schüssel geben und vermischen.

4.Die Salsa über die gebratenen Heilbuttfilets geben und servieren.

Kalorien 250kcal Eiweiß 30g Kohlenhydrate 5g Fett 12g p/ Portion

Gebackene Forelle mit Gemüsefüllung

🍴 4 Portionen

🕐 Gesamtzubereitungszeit: 40 Minuten

ZUTATEN

- 4 Forellen (je ca. 200 g), ausgenommen und gesäubert
- Salz und Pfeffer nach Geschmack
- 2 EL Olivenöl
- 1 Zitrone, in Scheiben geschnitten
- 2 Knoblauchzehen, gehackt
- 1 Zwiebel, gehackt
- 1 Paprika, in Streifen geschnitten
- 1 Zucchini, in Scheiben geschnitten
- 1 Karotte, in dünne Streifen geschnitten
- 2 EL frische Petersilie, gehackt
- 1 EL frischer Thymian, gehackt
- Saft einer Zitrone

ZUBEREITUNG

1.Den Backofen auf 180°C vorheizen.

2.Die Forellen innen und außen mit Salz und Pfeffer würzen und beiseite stellen.

3.In einer Pfanne das Olivenöl erhitzen und den gehackten Knoblauch und die Zwiebel darin anschwitzen, bis sie weich sind.

4.Die Paprika, Zucchini und Karotte hinzufügen und für weitere 5-7 Minuten anbraten, bis das Gemüse weich wird. Vom Herd nehmen und die gehackte Petersilie und Thymian unterrühren.

5.Die Forellen mit der Gemüsemischung füllen und die Zitronenscheiben oben drauf legen.

6.Die gefüllten Forellen in eine Auflaufform geben und mit dem Zitronensaft beträufeln.

7.Die Forellen im vorgeheizten Backofen etwa 20-25 Minuten backen, bis sie durchgegart sind und sich leicht mit einer Gabel auseinanderziehen lassen.

8.Die Forellen aus dem Ofen nehmen und servieren.

Kalorien 250kcal Eiweiß 25g Kohlenhydrate 9g Fett 12g p/ Portion

Gedünsteter Schellfisch mit grünen Bohnen und Tomatensauce

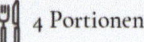 4 Portionen

🕐 Gesamtzubereitungszeit: 25 Minuten

ZUTATEN

- 4 Schellfischfilets (je ca. 150 g)
- Salz und Pfeffer nach Geschmack
- 2 EL Olivenöl
- 2 Knoblauchzehen, fein gehackt
- 1 Zwiebel, fein gehackt
- 400 g grüne Bohnen, geputzt und halbiert
- 400 g Tomaten, gewürfelt
- 1 TL getrocknete italienische Kräuter
- Frischer Basilikum zum Garnieren

ZUBEREITUNG

1.Die Schellfischfilets mit Salz und Pfeffer würzen und beiseite stellen.

2.In einer großen Pfanne das Olivenöl erhitzen und den gehackten Knoblauch und die Zwiebel darin anschwitzen, bis sie weich sind.

3.Die grünen Bohnen hinzufügen und für etwa 5 Minuten anbraten, bis sie leicht gebräunt sind.

4.Die gewürfelten Tomaten und die getrockneten Kräuter hinzufügen, umrühren und köcheln lassen, bis die Tomaten weich sind und eine Sauce entsteht.

5.Die Schellfischfilets auf die Tomatensauce legen, den Deckel auf die Pfanne legen und für weitere 8-10 Minuten köcheln lassen, bis der Fisch durchgegart ist und leicht mit einer Gabel zerfällt.

6.Mit frischem Basilikum garnieren und servieren.

Kalorien 250kcal Eiweiß 30g Kohlenhydrate 15g Fett 10g p/ Portion

Lachsfilet mit Brokkoli und Mandelsplittern

🍴 4 Portionen

🕐 Gesamtzubereitungszeit: 25 Minuten

ZUTATEN

- 4 Lachsfilets (je ca. 150 g)
- Salz und Pfeffer nach Geschmack
- 2 EL Olivenöl
- 400 g Brokkoli, in Röschen geschnitten
- 50 g Mandelsplitter
- Saft einer halben Zitrone
- Frische Petersilie zum Garnieren

ZUBEREITUNG

1. Den Backofen auf 200°C vorheizen.

2. Die Lachsfilets mit Salz und Pfeffer würzen und beiseite stellen.

3. Eine große Backform mit etwas Olivenöl einfetten und die Brokkoliröschen gleichmäßig darin verteilen.

4. Die Lachsfilets auf den Brokkoli legen und mit dem restlichen Olivenöl beträufeln.

5. Die Mandelsplitter über die Lachsfilets streuen und mit Zitronensaft beträufeln.

6. Die Backform in den vorgeheizten Ofen geben und für ca. 15-20 Minuten backen, bis der Lachs gar ist und die Mandeln goldbraun sind.

7. Mit frischer Petersilie garnieren und servieren.

Kalorien 300kcal Eiweiß 25g Kohlenhydrate 8g Fett 20g p/ Portion

🍴 4 Portionen

🕐 Gesamtzubereitungszeit: 15 Minuten

ZUTATEN

- 4 Thunfischsteaks (je ca. 150 g)
- Salz und Pfeffer nach Geschmack
- 2 EL Olivenöl
- 2 reife Avocados, entkernt und in Scheiben geschnitten
- 1 große Gurke, geschält und in dünnen Scheiben geschnitten
- 2 EL gehackter frischer Koriander
- Saft von 1 Limette
- Optional: Chiliflocken nach Geschmack

ZUBEREITUNG

1.Die Thunfischsteaks mit Salz und Pfeffer würzen.

2.Eine Grillpfanne oder einen Grill auf mittlere Hitze vorheizen. Das Olivenöl in der Pfanne erhitzen.

3.Die Thunfischsteaks in die Pfanne geben und von jeder Seite etwa 2-3 Minuten braten, je nach gewünschter Garstufe.

4.Währenddessen den Gurkensalat zubereiten: Die Gurkenscheiben in eine Schüssel geben und mit Limettensaft beträufeln. Den gehackten Koriander hinzufügen und mit Salz, Pfeffer und optionalen Chiliflocken würzen. Gut vermischen.

5.Die Avocadoscheiben auf einem Servierteller anrichten.

6.Die Thunfischsteaks auf die Avocado legen und mit dem Gurkensalat servieren.

Kalorien 300kcal Eiweiß 35g Kohlenhydrate 10g Fett 15g p/ Portion

Gebratener Rotbarsch mit Paprika-Ratatouille

🍴 4 Portionen

🕐 Gesamtzubereitungszeit: 30 - 40 Minuten

ZUTATEN

- 4 Rotbarschfilets (je ca. 150 g)
- Salz und Pfeffer nach Geschmack
- 2 EL Olivenöl
- 1 Zwiebel, gehackt
- 2 Knoblauchzehen, gehackt
- 2 rote Paprikaschoten, in Würfel geschnitten
- 2 gelbe Paprikaschoten, in Würfel geschnitten
- 2 Zucchini, in Würfel geschnitten
- 2 Auberginen, in Würfel geschnitten
- 400 g Tomaten, gewürfelt
- 2 EL Tomatenmark
- 1 TL getrocknete Kräuter der Provence
- Optional: frische Kräuter zum Garnieren

ZUBEREITUNG

1.Die Rotbarschfilets mit Salz und Pfeffer würzen.

2.Eine große Pfanne erhitzen und 1 EL Olivenöl hinzufügen. Die Rotbarschfilets in die Pfanne geben und von jeder Seite etwa 3-4 Minuten braten, bis sie gar sind. Die gebratenen Filets beiseite stellen und warm halten.

3.In derselben Pfanne das restliche Olivenöl erhitzen und die Zwiebeln und den Knoblauch darin anschwitzen, bis sie weich sind.

4.Die Paprika, Zucchini und Auberginen hinzufügen und 5-7 Minuten braten, bis das Gemüse weich wird.

5.Die gewürfelten Tomaten, das Tomatenmark und die getrockneten Kräuter hinzufügen. Gut umrühren und 5 Minuten köcheln lassen, bis die Ratatouille eingedickt ist.

6.Die gebratenen Rotbarschfilets auf Teller verteilen und mit der Paprika-Ratatouille servieren. Nach Belieben mit frischen Kräutern garnieren.

Kalorien 300kcal Eiweiß 30g Kohlenhydrate 20g Fett 12g p/ Portion

Gedünsteter Pangasius mit Spinat und Tomatensauce

🍴 4 Portionen

🕐 Gesamtzubereitungszeit: 20 - 25 Minuten

ZUTATEN

- 4 Pangasiusfilets (je ca. 150 g)
- Salz und Pfeffer nach Geschmack
- 2 EL Olivenöl
- 1 Zwiebel, gehackt
- 2 Knoblauchzehen, gehackt
- 400 g frischer Spinat, gewaschen und grob gehackt
- 400 g Tomaten, gewürfelt
- 2 EL Tomatenmark
- 1 TL getrocknete italienische Kräuter (z. B. Oregano, Basilikum)
- Optional: frische Kräuter zum Garnieren

ZUBEREITUNG

1.Die Pangasiusfilets mit Salz und Pfeffer würzen.

2.Eine große Pfanne erhitzen und 1 EL Olivenöl hinzufügen. Die Pangasiusfilets in die Pfanne geben und von jeder Seite etwa 3-4 Minuten bei mittlerer Hitze braten, bis sie gar sind. Die gebratenen Filets beiseite stellen und warm halten.

3.In derselben Pfanne das restliche Olivenöl erhitzen und die Zwiebeln und den Knoblauch darin anschwitzen, bis sie weich sind.

4.Den gewaschenen Spinat hinzufügen und unter gelegentlichem Rühren zusammenfallen lassen.

5.Die gewürfelten Tomaten, das Tomatenmark und die getrockneten Kräuter hinzufügen. Gut umrühren und 5-7 Minuten köcheln lassen, bis die Tomatensauce etwas eingedickt ist.

6.Die gedünsteten Pangasiusfilets auf Teller verteilen und mit der Spinat-Tomatensauce servieren. Nach Belieben mit frischen Kräutern garnieren.

Kalorien 250kcal Eiweiß 30g Kohlenhydrate 10g Fett 10g p/ Portion

Lachs-Ceviche mit Avocado und Koriander

🍴 4 Portionen

🕐 Gesamtzubereitungszeit: 30 - 40 Minuten

ZUTATEN

- 400 g frisches Lachsfilet, ohne Haut, in dünnen Scheiben
- 2 reife Avocados, gewürfelt
- Saft von 3 Limetten
- 1 rote Zwiebel, fein gehackt
- 1 kleine Jalapeño, entkernt und fein gehackt (optional)
- 1/4 Tasse frischer Koriander, gehackt
- Salz und Pfeffer nach Geschmack
- 2 EL Olivenöl
- Zusätzlich: Tortilla-Chips oder Salatblätter zum Servieren

ZUBEREITUNG

1.Die Lachsscheiben in eine Schüssel geben und mit dem Limettensaft übergießen. Den Lachs etwa 20-30 Minuten lang marinieren, bis er leicht durchscheinend ist.

2.In der Zwischenzeit die gewürfelten Avocados, die gehackte Zwiebel, die Jalapeño (falls verwendet) und den gehackten Koriander in eine separate Schüssel geben. Vorsichtig vermengen.

3.Nachdem der Lachs mariniert ist, die Avocado-Mischung vorsichtig unterheben. Mit Salz und Pfeffer abschmecken.

4.Das Olivenöl über die Ceviche gießen und vorsichtig vermengen.

5.Die Lachs-Ceviche auf Tortilla-Chips servieren oder auf Salatblättern anrichten.

Kalorien 320kcal Eiweiß 24g Kohlenhydrate 9g Fett 22g p/ Portion

Gebackenes Forellenfilet mit Kräuterquark

🍴 4 Portionen

🕐 Gesamtzubereitungszeit: 25 Minuten

ZUTATEN

- 4 Forellenfilets
- 2 EL Olivenöl
- Salz und Pfeffer nach Geschmack
- 200 g Quark
- 2 EL gehackte frische Kräuter (z. B. Petersilie, Schnittlauch, Dill)
- Saft einer halben Zitrone
- 1 Knoblauchzehe, fein gehackt
- Optional: Zitronenspalten und zusätzliche frische Kräuter zum Servieren

ZUBEREITUNG

1.Den Backofen auf 180°C vorheizen und eine Backform mit etwas Olivenöl einfetten.

2.Die Forellenfilets unter kaltem Wasser abspülen und mit einem Papiertuch trocken tupfen. Mit Salz und Pfeffer würzen und auf die vorbereitete Backform legen.

3.Die Forellenfilets mit dem restlichen Olivenöl beträufeln und gleichmäßig verteilen.

4.Die Forellenfilets im vorgeheizten Backofen etwa 15-20 Minuten backen, bis sie durchgegart sind und sich leicht mit einer Gabel teilen lassen.

5.Während die Forellenfilets backen, den Kräuterquark zubereiten. Dazu den Quark mit den gehackten frischen Kräutern, dem Zitronensaft und dem fein gehackten Knoblauch vermengen. Mit Salz und Pfeffer abschmecken.

6.Die gebackenen Forellenfilets mit dem Kräuterquark servieren. Nach Belieben mit Zitronenspalten und zusätzlichen frischen Kräutern garnieren.

Kalorien 250kcal Eiweiß 28g Kohlenhydrate 3g Fett 13g p/ Portion

Hast du über Fisch gewusst ...

1. Reich an Omega-3-Fettsäuren: Fisch ist eine der besten Quellen für Omega-3-Fettsäuren, insbesondere für EPA (Eicosapentaensäure) und DHA (Docosahexaensäure). Diese essentiellen Fettsäuren sind wichtig für die Gesundheit des Herzens, das Gehirn, die Augen und das Immunsystem.
2. Hoher Proteingehalt: Fisch ist reich an hochwertigem Protein, das für den Aufbau und die Reparatur von Gewebe im Körper unerlässlich ist. Proteine aus Fisch enthalten alle essentiellen Aminosäuren, die der Körper benötigt.
3. Niedriger Fettgehalt: Die meisten Fischarten sind fettarm, insbesondere magere Sorten wie Kabeljau, Scholle und Seelachs. Dadurch eignet sich Fisch gut für eine fettarme Ernährung.
4. Vitamine und Mineralien: Fisch ist eine gute Quelle für verschiedene Vitamine und Mineralien, darunter Vitamin D, Vitamin B12, Selen, Jod und Zink. Diese Nährstoffe sind wichtig für die Knochengesundheit, die Funktion des Nervensystems, die Schilddrüsenfunktion und vieles mehr.
5. Entzündungshemmende Eigenschaften: Die Omega-3-Fettsäuren in Fisch haben entzündungshemmende Eigenschaften, die dazu beitragen können, Entzündungen im Körper zu reduzieren. Dies kann insbesondere für Menschen mit entzündlichen Erkrankungen wie Arthritis von Vorteil sein.
6. Gesunde Fettsäuren für das Gehirn: Omega-3-Fettsäuren sind wichtig für die Entwicklung und Gesundheit des Gehirns, insbesondere während der Schwangerschaft und in der frühen Kindheit. Der regelmäßige Verzehr von Fisch kann die kognitive Funktion unterstützen und das Risiko für neurodegenerative Erkrankungen verringern.
7. Herzgesundheit: Studien haben gezeigt, dass der regelmäßige Verzehr von Fisch das Risiko für Herzkrankheiten reduzieren kann, indem er den Blutdruck senkt, die Triglyceridspiegel senkt, die Cholesterinwerte verbessert und die Gesundheit der Blutgefäße fördert.
8. Vielseitigkeit in der Zubereitung: Fisch kann auf verschiedene Arten zubereitet werden, darunter gebraten, gegrillt, gebacken, gedünstet oder geräuchert. Dadurch bietet er eine Vielzahl von Geschmacksrichtungen und Zubereitungsmöglichkeiten.

Nachspeisen

Low Carb Waffeln

🍴 4 Waffeln

🕐 Vorbereitung 10 Minuten
Backzeit: 5-7 Minuten/ Waffel

ZUTATEN

- 4 Eier
- 120g Mandelmehl
- 60g geschmolzene Butter oder Kokosöl
- 60ml Mandelmilch oder eine andere kohlenhydratarme Milchalternative
- 2 Teelöffel Backpulver
- 1 Teelöffel Vanilleextrakt
- Eine Prise Salz
- Optional: Erythrit oder ein anderer kohlenhydratarmer Süßstoff nach Geschmack

ZUBEREITUNG

1.Waffeleisen vorheizen: Das Waffeleisen gemäß den Herstelleranweisungen vorheizen.

2.Teig vorbereiten: In einer Schüssel die Eier aufschlagen und gut verquirlen. Geschmolzene Butter oder Kokosöl, Mandelmehl, Mandelmilch, Backpulver, Vanilleextrakt, eine Prise Salz und optional den kohlenhydratarmen Süßstoff hinzufügen. Alles gut verrühren, bis ein gleichmäßiger Teig entsteht.

3.Backen: Den Teig portionsweise auf das heiße Waffeleisen geben und die Waffeln gemäß den Anweisungen des Waffeleisens backen, normalerweise 5-7 Minuten oder bis sie goldbraun und knusprig sind.

4.Wiederholen: Den restlichen Teig genauso backen, bis er aufgebraucht ist.

5.Servieren: Die Low Carb Waffeln nach Belieben mit frischen Beeren, griechischem Joghurt, Nüssen, Kokosraspeln oder einem kohlenhydratarmen Sirup servieren.

Kalorien 220kcal Eiweiß 8g Kohlenhydrate 6g Fett 18g p/Waffel

Low Carb Zimtschnecken

🍴 12 Zimtschnecken

🕐 Vorbereitung 20 Minuten
Backzeit: 20 Minuten

ZUTATEN

- 150g Mandelmehl
- 50g Kokosmehl
- 4 Eier
- 60g geschmolzene Butter oder Kokosöl
- 2 Esslöffel Erythrit (oder ein anderer kohlenhydratarmer Süßstoff)
- 1 Teelöffel Backpulver
- Eine Prise Salz

Füllung

- 4 Esslöffel geschmolzene Butter oder Kokosöl
- 3 Esslöffel Erythrit (oder ein anderer kohlenhydratarmer Süßstoff)
- 2 Esslöffel gemahlener Zimt

ZUBEREITUNG

1.Ofen vorheizen: Den Ofen auf 180°C vorheizen und eine Kastenform mit Backpapier auslegen.

2.Trockene Zutaten mischen: In einer Schüssel Mandelmehl, Kokosmehl, Erythrit, Backpulver und eine Prise Salz vermengen.

3.Nasse Zutaten hinzufügen: Die Eier und die geschmolzene Butter oder das Kokosöl hinzufügen und gut verrühren, bis ein gleichmäßiger Teig entsteht.

4.Teig ausrollen: Den Teig zwischen zwei Stücken Backpapier zu einem Rechteck ausrollen.

5.Füllung verteilen: Die geschmolzene Butter oder das Kokosöl gleichmäßig über den Teig streichen. Dann den gemahlenen Zimt und das Erythrit darüber streuen.

6.Aufrollen: Den Teig von der langen Seite her fest aufrollen, um eine lange Rolle zu formen.

7.Schneiden: Die Rolle in etwa 10-12 gleichmäßige Scheiben schneiden.

8.Backen: Die Zimtschnecken in die vorbereitete Backform legen und im vorgeheizten Ofen etwa 20 Minuten backen, bis sie goldbraun sind.

9.Abkühlen lassen: Die Zimtschnecken aus dem Ofen nehmen und auf einem Kuchengitter abkühlen lassen.

10.Servieren: Die Low Carb Zimtschnecken nach Belieben servieren und genießen!

Kalorien 150kcal Eiweiß 5g Kohlenhydrate 5g Fett 12g p/Zimtschnecke

Keto-Donuts

🍴 12 Donuts

🕐 Vorbereitung 15 Minuten
Backzeit: 15 Minuten

ZUTATEN

- 100g Mandelmehl
- 30g Kokosmehl
- 4 Eier
- 60g geschmolzene Butter oder Kokosöl
- 4 Esslöffel Erythrit (oder ein anderer kohlenhydratarmer Süßstoff)
- 1 Teelöffel Backpulver
- 1 Teelöffel Vanilleextrakt
- Eine Prise Salz

- 50g zuckerfreie Schokolade
- 1 Esslöffel Kokosöl
- Optional: gehackte Nüsse, Kokosraspeln oder Streusel zum Dekorieren

Glasur

ZUBEREITUNG

1.Ofen vorheizen: Den Ofen auf 180°C vorheizen und ein Donutbackblech leicht einfetten.

2.Trockene Zutaten mischen: In einer Schüssel Mandelmehl, Kokosmehl, Erythrit, Backpulver und eine Prise Salz vermengen.

3.Nasse Zutaten hinzufügen: Die Eier, die geschmolzene Butter oder das Kokosöl und den Vanilleextrakt hinzufügen und gut verrühren, bis ein gleichmäßiger Teig entsteht.

4.Teig in das Donutbackblech füllen: Den Teig in einen Spritzbeutel oder einen Gefrierbeutel geben und die Ecke abschneiden. Den Teig gleichmäßig in die Donutmulden des Backblechs füllen.

5.Backen: Die Donuts im vorgeheizten Ofen etwa 15 Minuten backen, bis sie goldbraun und durchgebacken sind.

6.Abkühlen lassen: Die Donuts aus dem Ofen nehmen und auf einem Kuchengitter vollständig abkühlen lassen.

7.Glasur vorbereiten (optional): Die zuckerfreie Schokolade und das Kokosöl in einem kleinen Topf bei niedriger Hitze schmelzen, bis eine glatte Glasur entsteht.

8.Donuts glasieren (optional): Die abgekühlten Donuts in die geschmolzene Schokoladenglasur tauchen oder mit einem Löffel überziehen. Nach Belieben mit gehackten Nüssen, Kokosraspeln oder Streuseln bestreuen.

9.Servieren: Die Keto-Donuts nach Belieben servieren und genießen!

Kalorien 130kcal Eiweiß 4g Kohlenhydrate 5g Fett 12g p/Donut

Keto-Cupcakes

🍴 12 Cupcakes

🕐 Vorbereitung 15 Minuten
Backzeit: 20-25 Minuten

ZUTATEN

- 1100g Mandelmehl
- 50g Kokosmehl
- 4 Eier
- 60g geschmolzene Butter oder Kokosöl
- 4 Esslöffel Erythrit (oder ein anderer kohlenhydratarmer Süßstoff)
- 1 Teelöffel Backpulver
- 1 Teelöffel Vanilleextrakt
- Eine Prise Salz
- Optional: Zitronen- oder Orangenabrieb für Geschmack

Zutaten für das Topping

- 200g Frischkäse
- 4 Esslöffel Erythrit (oder ein anderer kohlenhydratarmer Süßstoff)
- 1 Teelöffel Vanilleextrakt
- Optional: Frische Beeren oder gehackte Nüsse zum Garnieren

ZUBEREITUNG

1.Ofen vorheizen: Den Ofen auf 180°C vorheizen und ein Muffinblech mit Papierförmchen auskleiden.

2.Trockene Zutaten mischen: In einer Schüssel Mandelmehl, Kokosmehl, Erythrit, Backpulver und eine Prise Salz vermengen.

3.Nasse Zutaten hinzufügen: Die Eier, die geschmolzene Butter oder das Kokosöl und den Vanilleextrakt hinzufügen und gut verrühren, bis ein gleichmäßiger Teig entsteht.

4.Teig in die Förmchen füllen: Den Teig gleichmäßig auf die vorbereiteten Muffinförmchen verteilen, etwa 2/3 voll.

5.Backen: Die Cupcakes im vorgeheizten Ofen etwa 20-25 Minuten backen, bis sie goldbraun und durchgebacken sind.

6.Abkühlen lassen: Die Cupcakes aus dem Ofen nehmen und auf einem Kuchengitter vollständig abkühlen lassen.

7.Topping zubereiten: In einer kleinen Schüssel den Frischkäse, Erythrit und Vanilleextrakt verrühren, bis eine glatte Creme entsteht.

8.Cupcakes verzieren: Die abgekühlten Cupcakes mit der Frischkäsecreme bestreichen oder spritzen und nach Belieben mit frischen Beeren oder gehackten Nüssen garnieren.

9.Servieren: Die Keto-Cupcakes nach Belieben servieren und genießen!

Kalorien 150kcal Eiweiß 5g Kohlenhydrate 4g Fett 12g p/Cupcake

Avocado-Schokoladen-Mousse

🍴 4 Portionen

🕐 Vorbereitung: 10 Minuten
Kühlzeit: 30 Minuten

ZUTATEN

- 2 reife Avocados
- 50 g ungesüßtes Kakaopulver
- 60 ml ungesüßte Mandelmilch (oder eine andere Milchalternative)
- 60 ml Ahornsirup oder Erythrit (als Süßungsmittel)
- 1 TL Vanilleextrakt
- Eine Prise Salz

ZUBEREITUNG

1. Schäle die Avocados und entferne den Kern. Gib das Avocadofleisch in eine Küchenmaschine oder einen Mixer.

2. Füge das Kakaopulver, die Mandelmilch, den Ahornsirup oder das Erythrit, den Vanilleextrakt und eine Prise Salz hinzu.

3. Mixe alles gut, bis eine cremige Masse entsteht. Scrape die Seiten des Mixers, um sicherzustellen, dass alles gleichmäßig gemischt ist.

4. Schmecke die Mousse ab und passe die Süße bei Bedarf an.

5. Verteile die Mousse auf Dessertschalen oder Gläser und stelle sie für mindestens 30 Minuten in den Kühlschrank, damit sie fest werden kann.

6. Optional: Serviere die Mousse mit frischen Beeren oder einer Schlagsahne aus Kokosmilch.

Kalorien 200kcal Eiweiß 3g Kohlenhydrate 12g Fett 16g p/Portion

Kokosmilch-Panna-Cotta

🍴 4 Portionen

🕐 Vorbereitung: 10 Minuten
Kochzeit: 5 Minuten
Kühlzeit: mindestens 4 Stunden

ZUTATEN

- 400 ml Kokosmilch (ungesüßt)
- 100 ml Sahne oder Kokoscreme
- 60 g Erythrit (oder ein anderes Süßungsmittel nach Wahl)
- 2 TL Gelatinepulver
- 1 TL Vanilleextrakt
- Eine Prise Salz

ZUBEREITUNG

1.In einem Topf die Kokosmilch, Sahne oder Kokoscreme und Erythrit erhitzen. Rühren, bis sich das Süßungsmittel vollständig aufgelöst hat.

2.Die Gelatine in 2 Esslöffeln Wasser quellen lassen.

3.Die aufgelöste Gelatine zur Kokosmilchmischung geben und gut umrühren, bis sich die Gelatine vollständig aufgelöst hat.

4.Den Topf vom Herd nehmen und den Vanilleextrakt und eine Prise Salz hinzufügen. Gut umrühren.

5.Die Panna-Cotta-Mischung in kleine Dessertgläser oder -förmchen gießen.

6.Die Panna-Cotta für mindestens 4 Stunden oder über Nacht in den Kühlschrank stellen, bis sie fest ist.

7.Nach dem Abkühlen servieren. Du kannst sie mit frischen Beeren oder Kokosraspeln garnieren.

Kalorien 220kcal Eiweiß 2g Kohlenhydrate 3g Fett 22g p/Portion

Erdnussbutter-
Proteinriegel

🍴 8 Riegel

🕐 Vorbereitung: 10 Minuten
Kühlzeit: 30-60 Minuten

ZUTATEN

- 1 Tasse Erdnussbutter (ungesüßt)
- 1/4 Tasse Kokosmehl
- 1/4 Tasse Proteinpulver (Vanille- oder Schokoladengeschmack)
- 1/4 Tasse Erythrit (oder ein anderes Süßungsmittel nach Wahl)
- 2 Esslöffel Kokosöl (geschmolzen)
- Eine Prise Salz
- Optional: 1/4 Tasse gehackte Nüsse oder Schokoladenstückchen für Crunch

ZUBEREITUNG

1.In einer großen Schüssel die Erdnussbutter, Kokosmehl, Proteinpulver, Erythrit, geschmolzenes Kokosöl und eine Prise Salz vermengen, bis eine gleichmäßige Masse entsteht.

2.Falls gewünscht, die gehackten Nüsse oder Schokoladenstückchen unterheben.

3.Die Mischung auf ein mit Backpapier ausgelegtes Backblech geben und zu einer gleichmäßigen Schicht formen.

4.Die Oberseite der Masse glattstreichen und die Riegel in die gewünschte Größe und Form schneiden.

5.Die Erdnussbutter-Proteinriegel für etwa 30-60 Minuten im Kühlschrank fest werden lassen.

6.Nach dem Abkühlen in Riegelform schneiden und genießen!

Kalorien 180kcal Eiweiß 10g Kohlenhydrate 4g Fett 14g p/Riegel

Keto-Käsekuchen

🍴 10 Portionen

🕐 Vorbereitung: 15 Minuten
Backzeit: 40-45 Minuten
Kühlzeit: mindestens 4 Stunden

ZUTATEN FÜR DEN BODEN

- 1 1/2 Tassen Mandelmehl
- 1/4 Tasse Erythrit (oder ein anderes Süßungsmittel nach Wahl)
- 1/3 Tasse geschmolzene Butter
- 1 Teelöffel Vanilleextrakt

ZUTATEN FÜR DIE FÜLLUNG

- 16 Unzen Frischkäse (2 Packungen), Raumtemperatur
- 1/2 Tasse Erythrit (oder ein anderes Süßungsmittel nach Wahl)
- 2 große Eier, Raumtemperatur
- 1 Teelöffel Vanilleextrakt
- Saft und Schale einer Zitrone (optional)

ZUBEREITUNG

1.Den Ofen auf 180°C vorheizen und eine Springform einfetten oder mit Backpapier auslegen.

2.Für den Boden: In einer Schüssel Mandelmehl, Erythrit, geschmolzene Butter und Vanilleextrakt vermischen, bis sich alles gut verbunden hat. Die Mischung gleichmäßig auf dem Boden der Springform verteilen und leicht festdrücken.

3.Für die Füllung: Den Frischkäse in einer großen Schüssel glatt rühren. Nach und nach Erythrit hinzufügen und gut vermischen. Dann die Eier einzeln unterrühren, gefolgt von Vanilleextrakt und Zitronensaft und -schale (wenn verwendet).

4.Die Füllung gleichmäßig über den Boden in der Springform gießen.

5.Den Käsekuchen für 40-45 Minuten backen, bis die Mitte fest ist.

6.Den Käsekuchen aus dem Ofen nehmen und vollständig abkühlen lassen. Anschließend für mindestens 4 Stunden oder über Nacht in den Kühlschrank stellen, damit er fest wird.

7.Vor dem Servieren nach Belieben mit frischen Beeren oder einer Keto-freundlichen Soße garnieren.

Kalorien 280kcal Eiweiß 8g Kohlenhydrate 5g Fett 26g p/Portion

Kokosnuss-Chia-Pudding

🍴 2 Portionen

🕐 Vorbereitung: 5 Minuten
Ruhezeit: mindestens 4 Stunden

ZUTATEN

- 1 1/2 Tassen Mandelmehl
- 1/4 Tasse Erythrit (oder ein anderes Süßungsmittel nach Wahl)
- 1/3 Tasse geschmolzene Butter
- 1 Teelöffel Vanilleextrakt

ZUBEREITUNG

1. In einer Schüssel die Chiasamen, ungesüßte Kokosmilch, Erythrit und Vanilleextrakt vermengen. Gut umrühren, um sicherzustellen, dass die Chiasamen vollständig mit Flüssigkeit bedeckt sind.

2. Die Schüssel abdecken und den Chia-Samen-Mix mindestens 4 Stunden oder über Nacht im Kühlschrank quellen lassen. Gelegentlich umrühren, um sicherzustellen, dass keine Klumpen entstehen.

3. Nach dem Quellen den Pudding aus dem Kühlschrank nehmen und nach Belieben in Gläser oder Schalen portionieren.

4. Mit frischen Früchten oder gehackten Nüssen garnieren, falls gewünscht, und servieren.

Kalorien 160kcal Eiweiß 3g Kohlenhydrate 10g Fett 12g p/Portion

Chia Pudding mit Kokosmilch und Mandeln

🍴 2 Portionen

🕐 Vorbereitung 5 Minuten
Kühlzeit: Mindestens 4 Stunden
oder über Nacht

ZUTATEN

- 4 Esslöffel Chiasamen
- 1 Tasse ungesüßte Kokosmilch
- 1 Teelöffel Vanilleextrakt
- 1 Esslöffel Ahornsirup oder Honig (optional, je nach Geschmack)
- 2 Esslöffel gehackte Mandeln
- Frische Früchte zum Servieren (z.B. Beeren, Bananenscheiben)

ZUBEREITUNG

1.Vorbereitung: In einer Schüssel die Chiasamen, Kokosmilch, Vanilleextrakt und Ahornsirup (falls verwendet) vermengen. Gut umrühren, damit sich die Chiasamen gleichmäßig verteilen. Lass die Mischung für etwa 5 Minuten stehen und rühre sie dann erneut um, um sicherzustellen, dass keine Klumpen entstehen.

2.Kühl stellen: Bedecke die Schüssel mit Frischhaltefolie oder einem Deckel und stelle sie für mindestens 4 Stunden oder über Nacht in den Kühlschrank. Während dieser Zeit quellen die Chiasamen auf und die Mischung verdickt sich zu einem Pudding.

3.Servieren: Sobald der Chia-Pudding fest ist, nimm ihn aus dem Kühlschrank. Rühre ihn noch einmal um, um die Konsistenz zu überprüfen. Falls gewünscht, kannst du etwas mehr Kokosmilch hinzufügen, um die Konsistenz anzupassen. Verteile den Pudding dann auf Servierschalen oder Gläser.

4.Garnieren: Streue gehackte Mandeln über den Chia-Pudding und garniere ihn mit frischen Früchten wie Beeren oder Bananenscheiben.

Kalorien 200kcal Eiweiß 4g Kohlenhydrate 9g Fett 16g p/P

Chia-Pudding mit Mandelmilch

🍴 4 Portionen

🕐 Vorbereitung 5 Minuten
Kühlzeit: Mindestens 4 Stunden
oder über Nacht

ZUTATEN

- 4 Esslöffel Chiasamen
- 1 Tasse ungesüßte Mandelmilch
- 1 Teelöffel Vanilleextrakt
- Süßstoff nach Wahl (z.B. Stevia, Erythrit) oder eine kleine Menge
  flüssiger Süßstoff nach Geschmack
- 2 Esslöffel gehackte Mandeln
- Frische Beeren zum Servieren (optional)

ZUBEREITUNG

1.Vorbereitung: Vorbereitung: In einer Schüssel die Chiasamen, Mandelmilch, Vanilleextrakt und Süßstoff nach Geschmack vermengen. Gut umrühren, um sicherzustellen, dass sich die Chiasamen gleichmäßig verteilen.

2.Kühl stellen: Die Schüssel mit Frischhaltefolie abdecken und für mindestens 4 Stunden oder über Nacht in den Kühlschrank stellen. Während dieser Zeit quellen die Chiasamen auf und die Mischung verdickt sich zu einem Pudding.

3.Servieren: Nachdem der Chia-Pudding fest geworden ist, aus dem Kühlschrank nehmen und umrühren. Bei Bedarf kannst du mehr Mandelmilch hinzufügen, um die gewünschte Konsistenz zu erreichen. Den Pudding dann in Servierschalen oder Gläser verteilen.

4.Garnieren: Mit gehackten Mandeln bestreuen und nach Belieben mit frischen Beeren garnieren.

Kalorien 120kcal Eiweiß 4g Kohlenhydrate 8g Fett 8g p/P

Chia-Pudding mit Himbeeren

🍴 4 Portionen

🕐 Vorbereitung 5 Minuten
Kühlzeit: Mindestens 4 Stunden
oder über Nacht

ZUTATEN

- 4 Esslöffel Chiasamen
- 1 Tasse ungesüßte Mandelmilch (alternativ: Kokosmilch)
- 1 Teelöffel Vanilleextrakt
- Süßstoff nach Wahl (z.B. Stevia, Erythrit) oder eine kleine Menge flüssiger Süßstoff nach Geschmack
- 1 Tasse frische Himbeeren (oder gefrorene, aufgetaute Himbeeren)
- 2 Esslöffel gehackte Mandeln (optional, für Garnierung)

ZUBEREITUNG

1.Vorbereitung: In einer Schüssel die Chiasamen, Mandelmilch, Vanilleextrakt und Süßstoff nach Geschmack vermengen. Gut umrühren, um sicherzustellen, dass sich die Chiasamen gleichmäßig verteilen.

2.Kühl stellen: Die Schüssel mit Frischhaltefolie abdecken und für mindestens 4 Stunden oder über Nacht in den Kühlschrank stellen. Während dieser Zeit quellen die Chiasamen auf und die Mischung verdickt sich zu einem Pudding.

3.Servieren: Nachdem der Chia-Pudding fest geworden ist, aus dem Kühlschrank nehmen und umrühren. Bei Bedarf kannst du mehr Mandelmilch hinzufügen, um die gewünschte Konsistenz zu erreichen. Die Himbeeren vorsichtig unter den Pudding mischen oder auf die einzelnen Portionen verteilen.

4.Garnieren: Mit gehackten Mandeln bestreuen (optional).

Kalorien 100kcal Eiweiß 3g Kohlenhydrate 8g Fett 6g p/P

Hast du über Chia Samen gewusst ...

Chia-Samen sind kleine, nährstoffreiche Samen, die aus der Pflanze Salvia hispanica stammen. Hier sind einige der positiven Eigenschaften von Chia-Samen:

1. **Reich an Omega-3-Fettsäuren:** Chia-Samen sind eine hervorragende pflanzliche Quelle für Omega-3-Fettsäuren, die wichtig für die Herzgesundheit sind.
2. **Hoher Ballaststoffgehalt:** Chia-Samen enthalten lösliche Ballaststoffe, die die Verdauung fördern, das Sättigungsgefühl unterstützen und den Blutzuckerspiegel stabilisieren können.
3. **Antioxidative Eigenschaften:** Chia-Samen enthalten Antioxidantien, die dazu beitragen können, Zellschäden durch freie Radikale zu reduzieren und somit entzündungshemmend wirken.
4. **Gute Proteinquelle:** Obwohl Chia-Samen keine vollständige Proteinquelle sind, enthalten sie dennoch hochwertiges pflanzliches Protein, das eine wichtige Rolle beim Muskelaufbau und der Reparatur spielt.
5. **Mineralstoffe und Vitamine:** Chia-Samen enthalten Mineralstoffe wie Kalzium, Phosphor, Magnesium und Eisen sowie Vitamine wie Vitamin A und Vitamin C.
6. **Geringer glykämischer Index:** Chia-Samen haben einen niedrigen glykämischen Index, was bedeutet, dass sie den Blutzuckerspiegel nur langsam ansteigen lassen.
7. **Vielseitige Verwendung:** Chia-Samen können leicht in verschiedene Gerichte integriert werden, einschließlich Joghurt, Smoothies, Müsli oder als Gelierungsmittel in Rezepten.
8. **Geeignet für Vegetarier und Veganer:** Chia-Samen sind eine gute Ergänzung für Menschen, die sich vegetarisch oder vegan ernähren, da sie eine Quelle für wichtige Nährstoffe sind, die in tierischen Produkten möglicherweise fehlen.

Es ist wichtig zu beachten, dass, obwohl Chia-Samen viele positive Eigenschaften haben, eine ausgewogene Ernährung wichtig ist und kein einzelnes Lebensmittel alle notwendigen Nährstoffe allein bereitstellen kann.

Griechischer Joghurt mit Beeren

🍴 1 Portion

🕐 Vorbereitung 5 Minuten

ZUTATEN

- 150g griechischer Joghurt (ungesüßt)
- 50g gemischte Beeren (z. B. Erdbeeren, Himbeeren, Blaubeeren)
- 1 Esslöffel Mandeln oder Nüsse, gehackt (optional)
- Optional: 1 Teelöffel Honig oder ein anderer Süßstoff (falls gewünscht)

ZUBEREITUNG

1.Beeren vorbereiten: Die Beeren waschen und gegebenenfalls klein schneiden.

2.Joghurt portionieren: Den griechischen Joghurt in eine Schüssel geben.

3.Beeren hinzufügen: Die gemischten Beeren über den Joghurt geben.

4.Optional süßen: Falls gewünscht, den Joghurt und die Beeren mit Honig oder einem anderen Süßstoff nach Belieben süßen.

5.Mit Nüssen garnieren: Die gehackten Mandeln oder Nüsse über den Joghurt streuen.

6.Servieren: Den griechischen Joghurt mit Beeren sofort servieren und genießen.

Kalorien 150kcal Eiweiß 12g Kohlenhydrate 10g Fett 7g p/P

Griechischer Joghurt mit Honig und Walnüssen

🍴 1 Portion

🕐 Vorbereitung 3 Minuten

ZUTATEN

- 150g griechischer Joghurt (ungesüßt)
- 1 Esslöffel Honig
- 10 Walnusshälften, grob gehackt

ZUBEREITUNG

1.Joghurt portionieren: Den griechischen Joghurt in eine Schüssel geben.

2.Honig hinzufügen: Den Honig über den Joghurt träufeln.

3.Walnüsse garnieren: Die grob gehackten Walnusshälften über den Joghurt streuen.

4.Vorsichtig umrühren: Die Zutaten vorsichtig miteinander vermengen, um den Honig gleichmäßig zu verteilen.

5.Servieren: Den griechischen Joghurt mit Honig und Walnüssen sofort servieren und genießen.

Kalorien 250kcal Eiweiß 12g Kohlenhydrate 13g Fett 18g p/P

Schokoladenüberzogene Erdbeeren

🍴 10 Erdbeeren

🕐 Vorbereitung: 10 Minuten
Kühlzeit: 30 Minuten

ZUTATEN

- 1 Tasse frische Erdbeeren
- 50 g dunkle Schokolade (mindestens 70% Kakaoanteil)
- 1 Esslöffel Kokosöl

ZUBEREITUNG

1.Die Erdbeeren waschen und trocken tupfen. Stiele entfernen und die Erdbeeren beiseite legen.

2.Die dunkle Schokolade und das Kokosöl in einem hitzebeständigen Behälter über einem Wasserbad langsam schmelzen lassen. Dabei gelegentlich umrühren, bis eine glatte Schokoladensauce entsteht.

3.Die geschmolzene Schokolade vom Herd nehmen und etwas abkühlen lassen.

4.Jede Erdbeere vorsichtig in die Schokoladensauce tauchen, bis sie gleichmäßig bedeckt ist. Überschüssige Schokolade abtropfen lassen.

5.Die schokoladenüberzogenen Erdbeeren auf ein mit Backpapier ausgelegtes Tablett oder einen Teller legen und für etwa 30 Minuten in den Kühlschrank stellen, bis die Schokolade fest geworden ist.

Kalorien 50kcal Eiweiß 1g Kohlenhydrate 4g Fett 3g p/Erdbeere

Häufig gestellte Fragen

Was sind die Nachteile von Low Carb?

Obwohl eine Low Carb-Ernährung für viele Menschen vorteilhaft sein kann, gibt es auch potenzielle Nachteile, die berücksichtigt werden sollten:

1. Mangel an Ballaststoffen: Wenn der Konsum von Kohlenhydraten stark reduziert wird, kann es schwieriger sein, ausreichend Ballaststoffe zu konsumieren, was zu Verdauungsproblemen wie Verstopfung führen kann.

2. Eingeschränkte Lebensmittelauswahl: Da viele kohlenhydratreiche Lebensmittel wie Brot, Nudeln, Reis und Süßigkeiten vermieden werden, kann eine Low Carb-Ernährung zu einer eingeschränkten Lebensmittelauswahl führen, was einige Menschen als einschränkend empfinden können.

3. Ketose und Ketoazidose: Bei extrem niedrigem Kohlenhydratkonsum kann der Körper in einen Zustand namens Ketose geraten, bei dem er Fett als Hauptenergiequelle verwendet. Während dies für einige Menschen vorteilhaft sein kann, kann es bei anderen zu unerwünschten Nebenwirkungen wie Mundgeruch, Müdigkeit und Übelkeit führen. In extremen Fällen kann eine unbeabsichtigte Ketoazidose auftreten, die lebensbedrohlich sein kann.

4. Nährstoffmangel: Eine strikte Low Carb-Diät kann zu einem Mangel an wichtigen Nährstoffen führen, insbesondere wenn der Konsum von Obst, Gemüse und Vollkornprodukten stark eingeschränkt wird. Ein Mangel an Ballaststoffen, Vitaminen, Mineralstoffen und Antioxidantien kann auftreten.

5. Schwierigkeiten bei der sozialen Interaktion: Das Einhalten einer Low Carb-Diät kann in sozialen Situationen schwierig sein, insbesondere beim Essen im Restaurant oder bei gesellschaftlichen Anlässen, wo kohlenhydratreiche Lebensmittel oft präsent sind.

6. Potenziell erhöhter Konsum von tierischen Proteinen und gesättigten Fettsäuren: Einige Menschen neigen dazu, ihren Kohlenhydratkonsum durch den Konsum großer Mengen an tierischen Proteinen und gesättigten Fettsäuren zu ersetzen, was langfristig mit einem erhöhten Risiko für Herz-Kreislauf-Erkrankungen und anderen Gesundheitsproblemen verbunden sein kann.

Es ist wichtig zu betonen, dass nicht jeder die gleichen Erfahrungen mit einer Low Carb-Ernährung macht und dass die potenziellen Nachteile individuell variieren können. Es ist ratsam, sich mit einem Arzt oder Ernährungsberater zu beraten, um sicherzustellen, dass die Ernährung ausgewogen und für die individuellen Bedürfnisse geeignet ist.

Was kann man bei Low Carb falsch machen?

Bei einer Low Carb-Ernährung gibt es einige häufige Fehler, die vermieden werden sollten, um die bestmöglichen Ergebnisse zu erzielen:

1. Nicht genügend Gemüse essen: Gemüse liefert wichtige Ballaststoffe, Vitamine und Mineralstoffe. Ein Fehler besteht darin, den Gemüsekonsum zu vernachlässigen und sich stattdessen auf proteinreiche Lebensmittel zu konzentrieren.

2. Nicht genug Wasser trinken: Bei einer Low Carb-Ernährung kann der Körper mehr Wasser ausscheiden, was zu Dehydratation führen kann. Es ist wichtig, ausreichend Wasser zu trinken, um den Flüssigkeitsverlust auszugleichen und den Stoffwechsel zu unterstützen.

3. Zu viele verarbeitete Lebensmittel: Einige verarbeitete Lebensmittel, die als "Low Carb" vermarktet werden, können trotz ihres niedrigen Kohlenhydratgehalts viele Zusatzstoffe und versteckte Zucker enthalten. Es ist wichtig, sich auf natürliche, unverarbeitete Lebensmittel zu konzentrieren.

4. Keine Vielfalt: Eine ausgewogene Ernährung besteht aus einer Vielzahl von Lebensmitteln. Ein Fehler bei Low Carb ist es, sich nur auf eine begrenzte Anzahl von Lebensmitteln zu beschränken und dadurch wichtige Nährstoffe zu verpassen.

5. Übermäßiger Konsum von gesättigten Fettsäuren: Während gesunde Fette ein wichtiger Bestandteil einer Low Carb-Ernährung sind, ist es wichtig, den Konsum von gesättigten Fettsäuren aus tierischen Quellen zu begrenzen und stattdessen gesunde Fette aus pflanzlichen Quellen wie Avocado, Nüssen und Samen zu bevorzugen.

6. Nicht auf Hunger- und Sättigungssignale hören: Ein häufiger Fehler besteht darin, sich strikt an vorgegebene Mahlzeiten zu halten, ohne auf die eigenen Hunger- und Sättigungssignale zu achten. Es ist wichtig, auf den eigenen Körper zu hören und nur dann zu essen, wenn man hungrig ist.

Indem man diese Fehler vermeidet und eine ausgewogene, vielfältige Ernährung beibehält, kann man die Vorteile einer Low Carb-Ernährung besser nutzen und gleichzeitig eine optimale Gesundheit fördern.

Welche Süßigkeiten darf man bei Low Carb essen?

Bei einer Low Carb-Ernährung ist es wichtig, Süßigkeiten mit einem niedrigen Kohlenhydratgehalt zu wählen, um den Blutzuckerspiegel stabil zu halten und den Körper in einem Zustand der Ketose zu halten. Hier sind einige Beispiele für Süßigkeiten, die in Maßen bei einer Low Carb-Ernährung genossen werden können:

1. Dunkle Schokolade: Hochprozentige dunkle Schokolade mit einem Kakaoanteil von mindestens 70% enthält weniger Zucker und Kohlenhydrate als Milchschokolade.

2. Nüsse und Samen: Nüsse und Samen wie Mandeln, Walnüsse und Sonnenblumenkerne können leicht gesüßt oder ungesüßt genossen werden. Sie sind reich an gesunden Fetten und Proteinen.

3. Beeren: Beeren wie Erdbeeren, Himbeeren und Blaubeeren enthalten weniger Zucker als andere Früchte und können in kleinen Mengen als süßer Snack genossen werden.

4. Kokosnussprodukte: Kokosnussprodukte wie Kokosnusschips, Kokosnussflocken oder Kokosnussöl können für einen süßen Geschmack verwendet werden.

5. Zuckerfreie Desserts: Es gibt viele Rezepte für zuckerfreie Desserts, die mit alternativen Süßungsmitteln wie Erythritol, Stevia oder Xylitol hergestellt werden können. Diese Desserts können Kekse, Brownies, Puddings oder Eis umfassen.

Es ist jedoch wichtig, auch bei diesen Optionen auf die Portionsgröße zu achten und den Konsum zu kontrollieren, da sie trotzdem Kalorien enthalten können. Außerdem können einige Menschen auf bestimmte Zuckeralkohole, die in einigen zuckerfreien Süßigkeiten enthalten sind, empfindlich reagieren und Magenbeschwerden bekommen. Es ist daher ratsam, verschiedene Optionen auszuprobieren und zu sehen, was für den eigenen Körper am besten funktioniert.

Welches Obst darf man bei Low Carb nicht essen?

Bei einer Low Carb-Ernährung sollte der Verzehr von Früchten aufgrund ihres natürlichen Zuckergehalts begrenzt werden. Einige Früchte enthalten mehr Zucker und Kohlenhydrate als andere und sollten daher vermieden oder nur in kleinen Mengen konsumiert werden. Hier sind einige Früchte, die aufgrund ihres höheren Kohlenhydratgehalts bei einer Low Carb-Ernährung möglicherweise vermieden werden sollten:

1. Banane: Bananen enthalten einen höheren Zuckergehalt und mehr Kohlenhydrate im Vergleich zu anderen Früchten.
2. Trauben: Trauben sind aufgrund ihres hohen Zuckergehalts und ihrer Kohlenhydrate weniger geeignet für eine Low Carb-Ernährung.
3. Kirschen: Kirschen enthalten ebenfalls relativ viel Zucker und sollten daher in Maßen genossen werden.
4. Mango: Mango ist eine Frucht mit einem hohen Zuckergehalt und einem höheren Kohlenhydratgehalt im Vergleich zu anderen Früchten.
5. Ananas: Ananas ist eine tropische Frucht, die relativ viel Zucker enthält und daher in kleinen Mengen gegessen werden sollte.

Es ist jedoch wichtig zu beachten, dass die Verträglichkeit von Obst bei einer Low Carb-Ernährung individuell ist. Einige Menschen können möglicherweise kleinere Mengen dieser Früchte in ihre Ernährung aufnehmen, während andere sie ganz vermeiden müssen, um den Blutzuckerspiegel niedrig zu halten. Es ist ratsam, die Menge und Art des verzehrten Obstes entsprechend den individuellen Gesundheitszielen und Kohlenhydratgrenzen anzupassen.

Wie lange braucht der Körper um sich an Low Carb zu gewöhnen?

Die Zeit, die der Körper benötigt, um sich an eine Low Carb-Ernährung zu gewöhnen, kann von Person zu Person unterschiedlich sein und hängt von verschiedenen Faktoren ab, einschließlich der individuellen Stoffwechselrate, der aktuellen Ernährungsgewohnheiten, des Aktivitätsniveaus und des Gesundheitszustands.

Einige Menschen können sich relativ schnell an eine Low Carb-Ernährung anpassen und sich innerhalb weniger Tage oder Wochen an die reduzierte Kohlenhydrataufnahme gewöhnen. Andere benötigen möglicherweise etwas mehr Zeit, um sich an die Veränderungen zu gewöhnen und möglicherweise mit vorübergehenden Nebenwirkungen wie Kopfschmerzen, Müdigkeit oder Verdauungsbeschwerden zu kämpfen.

In der Regel dauert es jedoch etwa ein bis zwei Wochen, bis sich der Körper an eine Low Carb-Ernährung gewöhnt hat und sich an die Verwendung von Fett als Hauptenergiequelle anpasst. Während dieser Zeit kann es hilfreich sein, die Flüssigkeitszufuhr zu erhöhen, um den Körper bei der Anpassung zu unterstützen, ausreichend Nährstoffe zu sich zu nehmen und regelmäßige körperliche Aktivität zu betreiben, um den Stoffwechsel anzukurbeln.

Es ist wichtig, Geduld zu haben und sich bewusst zu sein, dass die Anpassungszeit individuell variieren kann. Wenn jedoch ernsthafte oder langanhaltende Symptome auftreten, ist es ratsam, einen Arzt oder Ernährungsberater zu konsultieren, um sicherzustellen, dass die Low Carb-Ernährung angemessen und gesundheitsfördernd ist.

Wie lange dauert es mit Low Carb abzunehmen?

Die Dauer, um mit einer Low Carb-Ernährung abzunehmen, hängt von verschiedenen Faktoren ab, einschließlich des Ausgangsgewichts, des Stoffwechsels, des Aktivitätsniveaus, der individuellen genetischen Veranlagung und der Einhaltung der Diät.

In der Regel können Menschen mit einer konsistenten Umstellung auf eine Low Carb-Ernährung und einem Kaloriendefizit erwarten, dass sie in den ersten Wochen bis Monaten signifikante Gewichtsverluste verzeichnen. Dies liegt oft daran, dass eine Reduzierung der Kohlenhydrate dazu führt, dass der Körper weniger Insulin ausschüttet und die Fettverbrennung gefördert wird.

Die meisten Menschen erleben anfänglich einen schnellen Gewichtsverlust, der hauptsächlich auf Wasserverlust zurückzuführen ist, da die Glykogenspeicher im Körper entleert werden. Danach erfolgt der Gewichtsverlust in der Regel langsamer, aber stetig. Die meisten Gesundheitsexperten empfehlen einen sicheren und nachhaltigen Gewichtsverlust von etwa 0,5 bis 1 Kilogramm pro Woche. Diese Rate ermöglicht es dem Körper, sich allmählich anzupassen und den Gewichtsverlust langfristig zu erhalten.

Es ist wichtig zu beachten, dass der Gewichtsverlust individuell variieren kann und nicht nur von der Ernährung abhängt, sondern auch von anderen Faktoren wie körperlicher Aktivität, Stressbewältigung und Schlafqualität beeinflusst wird. Es ist auch wichtig, dass die Low Carb-Ernährung ausgewogen ist und ausreichend Nährstoffe liefert, um die Gesundheit zu erhalten. Es wird empfohlen, mit einem Arzt oder einem Ernährungsberater zu sprechen, bevor Sie eine Diät beginnen, um sicherzustellen, dass sie für Sie geeignet ist und Ihre individuellen Bedürfnisse berücksichtigt.

Ist Low Carb gut für den Darm?

Low Carb kann potenziell vorteilhaft für die Darmgesundheit sein, insbesondere wenn es um die Reduzierung von Entzündungen und die Förderung des Wachstums gesunder Darmbakterien geht. Hier sind einige Gründe, warum Low Carb eine positive Auswirkung auf den Darm haben kann:

1. Reduzierung von entzündlichen Lebensmitteln: Viele kohlenhydratreiche Lebensmittel, insbesondere solche mit raffinierten Kohlenhydraten und Zucker, können Entzündungen im Darmtrakt fördern. Durch den Verzicht auf diese Lebensmittel in einer Low Carb-Ernährung können Entzündungen reduziert werden.

2. Förderung von Ballaststoffen: Obwohl viele traditionelle Ballaststoffquellen wie Vollkornprodukte in einer Low Carb-Ernährung eingeschränkt sind, gibt es dennoch viele nicht-stärkehaltige Gemüsesorten, die reich an Ballaststoffen sind und eine gesunde Darmfunktion fördern können. Diese Ballaststoffe sind wichtig für die Verdauung und können zur Vorbeugung von Verstopfung beitragen.

3. Förderung von gesunden Darmbakterien: Eine Low Carb-Ernährung kann das Wachstum von gesunden Darmbakterien fördern, da viele kohlenhydratarme Lebensmittel wie fermentiertes Gemüse, Sauerkraut und kohlenhydratarme Milchprodukte gute Quellen für probiotische Bakterien sind. Diese Bakterien sind wichtig für die Darmgesundheit und können helfen, Entzündungen zu reduzieren und die Verdauung zu verbessern.

4. Reduzierung von Zucker: Eine Low Carb-Ernährung reduziert den Zuckerkonsum, was dazu beiträgt, das Wachstum von pathogenen Bakterien im Darm zu hemmen. Ein Übermaß an Zucker kann das Wachstum von schädlichen Bakterien fördern und das Gleichgewicht der Darmflora stören.

Dennoch ist es wichtig zu beachten, dass nicht alle Low Carb-Ernährungsweisen gleich sind, und dass die Auswirkungen auf den Darm von Person zu Person unterschiedlich sein können. Es ist ratsam, eine ausgewogene Ernährung zu wählen, die reich an Ballaststoffen, gesunden Fetten und Proteinen ist, um eine optimale Darmgesundheit zu fördern. Es wird auch empfohlen, mit einem Arzt oder einem Ernährungsberater zu sprechen, bevor Sie große Änderungen an Ihrer Ernährung vornehmen.

Sind in Haferflocken viele Kohlenhydrate?

Ja, Haferflocken enthalten eine beträchtliche Menge Kohlenhydrate. Obwohl sie eine gesunde Quelle für Ballaststoffe, Proteine und einige Vitamine und Mineralien sind, enthalten sie auch eine moderate Menge an Kohlenhydraten, insbesondere im Vergleich zu anderen Lebensmitteln wie Gemüse oder Fleisch.

Eine 100-Gramm-Portion ungekochter Haferflocken enthält etwa 66 Gramm Kohlenhydrate. Es ist wichtig zu beachten, dass dies ungekochte Haferflocken sind und dass sich das Gewicht und die Nährstoffzusammensetzung ändern können, wenn sie gekocht werden.

Für Menschen, die eine kohlenhydratarme Ernährung wie Low Carb einhalten, könnten Haferflocken möglicherweise nicht die beste Option sein, insbesondere wenn sie in großen Mengen gegessen werden. Es gibt jedoch viele andere kohlenhydratarme Alternativen, die in eine Low Carb-Ernährung passen könnten, wie zum Beispiel Chiasamen, Leinsamen, Nüsse, Samen, bestimmte Gemüsesorten und andere Getreideersatzprodukte.

Kann man mit Low Carb auch ohne Sport abnehmen?

Ja, es ist möglich, mit Low Carb auch ohne Sport abzunehmen. Der Schlüssel zum erfolgreichen Abnehmen liegt im Erreichen eines Kaloriendefizits, bei dem die aufgenommene Energie (Kalorien) geringer ist als die verbrauchte Energie. Low Carb-Diäten können helfen, dieses Kaloriendefizit zu erreichen, indem sie den Blutzuckerspiegel stabilisieren, den Appetit reduzieren und den Stoffwechsel verbessern. Indem man kohlenhydratreiche Lebensmittel durch proteinreiche Nahrungsmittel, gesunde Fette und ballaststoffreiches Gemüse ersetzt, kann man dazu beitragen, den Blutzuckerspiegel stabil zu halten und Heißhungerattacken zu vermeiden. Dies kann dazu führen, dass man automatisch weniger isst und somit weniger Kalorien zu sich nimmt.

Sport kann den Gewichtsverlustprozess beschleunigen, indem er den Kalorienverbrauch erhöht und dabei hilft, Muskelmasse aufzubauen und den Stoffwechsel anzukurbeln. Allerdings ist regelmäßige körperliche Aktivität nicht zwingend erforderlich, um mit einer Low Carb-Ernährung abzunehmen. Es ist möglich, allein durch die Umstellung der Ernährung auf eine kohlenhydratarme Diät erfolgreich Gewicht zu verlieren.

Kann man mit Low Carb auch ohne Sport abnehmen?

Ja, es ist möglich, mit Low Carb auch ohne Sport abzunehmen. Der Schlüssel zum erfolgreichen Abnehmen liegt im Erreichen eines Kaloriendefizits, bei dem die aufgenommene Energie (Kalorien) geringer ist als die verbrauchte Energie. Low Carb-Diäten können helfen, dieses Kaloriendefizit zu erreichen, indem sie den Blutzuckerspiegel stabilisieren, den Appetit reduzieren und den Stoffwechsel verbessern. Indem man kohlenhydratreiche Lebensmittel durch proteinreiche Nahrungsmittel, gesunde Fette und ballaststoffreiches Gemüse ersetzt, kann man dazu beitragen, den Blutzuckerspiegel stabil zu halten und Heißhungerattacken zu vermeiden. Dies kann dazu führen, dass man automatisch weniger isst und somit weniger Kalorien zu sich nimmt.

Sport kann den Gewichtsverlustprozess beschleunigen, indem er den Kalorienverbrauch erhöht und dabei hilft, Muskelmasse aufzubauen und den Stoffwechsel anzukurbeln. Allerdings ist regelmäßige körperliche Aktivität nicht zwingend erforderlich, um mit einer Low Carb-Ernährung abzunehmen. Es ist möglich, allein durch die Umstellung der Ernährung auf eine kohlenhydratarme Diät erfolgreich Gewicht zu verlieren.

Kann man bei Low Carb Reis essen?

Bei einer klassischen Low Carb-Diät wird der Verzehr von Reis aufgrund seines hohen Kohlenhydratgehalts normalerweise eingeschränkt. Reis besteht hauptsächlich aus Kohlenhydraten, insbesondere aus langkettigen Kohlenhydraten, die sich schnell in Glukose umwandeln und den Blutzuckerspiegel erhöhen können.

Dennoch gibt es einige Low Carb-Varianten von Reis, die weniger Kohlenhydrate enthalten und daher in moderaten Mengen in eine Low Carb-Ernährung integriert werden können. Dazu gehören:

1. Blumenkohlreis: Blumenkohl wird zu Reiskörnern zerkleinert und kann als kohlenhydratarme Alternative zu Reis verwendet werden.

2. Brokkolireis: Ähnlich wie Blumenkohlreis wird Brokkoli zu Reiskörnern zerkleinert und als kohlenhydratarme Alternative verwendet.

3. Shirataki-Reis: Shirataki-Reis wird aus der Konjac-Wurzel hergestellt und enthält sehr wenige Kohlenhydrate und Kalorien.

4. Konjakreis: Ähnlich wie Shirataki-Reis wird Konjakreis aus der Konjac-Wurzel hergestellt und hat einen niedrigen Kohlenhydratgehalt.

Diese kohlenhydratarmen Reisalternativen können in verschiedenen Gerichten verwendet werden, um die Textur und das Mundgefühl von Reis nachzuahmen, ohne die Kohlenhydratmenge zu erhöhen. Es ist jedoch wichtig, die Portionsgröße zu beachten und den Gesamtkohlenhydratgehalt Ihrer Mahlzeiten im Rahmen Ihrer individuellen Ernährungsziele zu berücksichtigen.

Was ist der Unterschied zwischen Low Carb und Keto?

Low Carb und Keto sind zwei Arten von kohlenhydratarmer Ernährung, die sich in ihrer Kohlenhydratmenge, ihrem Nährstoffverhältnis und ihrem Stoffwechselziel unterscheiden.

1. Kohlenhydratmenge:
   - Low Carb: Bei einer Low Carb-Ernährung wird der Kohlenhydratkonsum reduziert, aber nicht so stark wie bei einer ketogenen Diät. Die tägliche Kohlenhydratzufuhr kann je nach individuellen Bedürfnissen und Zielen variieren, liegt jedoch normalerweise zwischen 50 und 150 Gramm Kohlenhydraten pro Tag.
   - Keto (Ketogen): Eine ketogene Diät ist extrem kohlenhydratarm und zielt darauf ab, den Körper in einen Zustand der Ketose zu versetzen, in dem er Fett als primäre Energiequelle verwendet. Dies erfordert eine sehr niedrige Kohlenhydratzufuhr von normalerweise weniger als 50 Gramm Kohlenhydraten pro Tag, oft sogar weniger als 20 Gramm.
2. Nährstoffverhältnis:
   - Low Carb: Bei einer Low Carb-Ernährung liegt der Fokus auf moderaten Kohlenhydraten, moderatem Eiweiß und ausreichend Fett. Das genaue Verhältnis variiert je nach Person und Ernährungsplan.
   - Keto (Ketogen): Eine ketogene Diät ist hoch in Fett, moderat im Eiweiß und sehr niedrig in Kohlenhydraten. Das typische Verhältnis liegt bei etwa 70-75% Fett, 20-25% Eiweiß und 5-10% Kohlenhydraten der täglichen Kalorienaufnahme.
3. Stoffwechselziel:
   - Low Carb: Das Hauptziel einer Low Carb-Ernährung ist es, den Blutzuckerspiegel stabil zu halten, den Appetit zu kontrollieren und den Körper dazu zu bringen, Fett als Energiequelle zu nutzen.
   - Keto (Ketogen): Das Hauptziel einer ketogenen Diät ist es, den Körper in einen Zustand der Ketose zu versetzen, in dem er Ketone aus Fett als primäre Energiequelle produziert. Dies kann zu einer effizienten Fettverbrennung und einem verbesserten Gewichtsverlust führen.

Insgesamt sind Low Carb und Keto zwei Varianten einer kohlenhydratarmen Ernährung, wobei Keto eine strengere Form ist, die darauf abzielt, den Körper in einen Zustand der Ketose zu versetzen. Die richtige Wahl zwischen den beiden hängt von den individuellen Zielen, Vorlieben und gesundheitlichen Bedürfnissen ab.

Ist Zucker bei Low Carb erlaubt?

Bei einer Low Carb-Ernährung wird die Zufuhr von Zucker stark reduziert oder vermieden, da Zucker eine Kohlenhydratquelle ist. Viele Lebensmittel, die reich an Zucker sind, wie Süßigkeiten, Gebäck, Softdrinks und verarbeitete Lebensmittel, werden bei einer Low Carb-Ernährung vermieden, da sie den Blutzuckerspiegel erhöhen können und den Körper davon abhalten können, Fett effektiv zu verbrennen.

Stattdessen werden bei Low Carb-Ernährungsalternativen zu Zucker verwendet, wie z. B. Süßstoffe wie Erythrit, Stevia oder Xylitol, die eine süße Geschmacksnote bieten, jedoch keinen oder nur einen geringen Einfluss auf den Blutzuckerspiegel haben. Natürliche Zuckeraustauschstoffe wie Erythrit können auch in vielen Low Carb-Rezepten verwendet werden, um Süße zu verleihen, ohne die Kohlenhydratmenge signifikant zu erhöhen.

Insgesamt ist es wichtig, den Zuckerkonsum bei einer Low Carb-Ernährung zu reduzieren und sich auf den Verzehr von unverarbeiteten, natürlichen Lebensmitteln zu konzentrieren, die von Natur aus wenig oder keinen Zucker enthalten, wie z. B. Gemüse, Beeren und Nüsse.

Was ist das schlechteste Kohlenhydrat Nummer 1?

Das "schlechteste" Kohlenhydrat hängt von verschiedenen Faktoren ab, einschließlich der Art des Kohlenhydrats und der individuellen Ernährungsgewohnheiten einer Person. In der Regel werden raffinierte Kohlenhydrate als weniger vorteilhaft angesehen, da sie oft wenig Nährstoffe enthalten und den Blutzuckerspiegel schnell ansteigen lassen können. Hier sind einige Beispiele für Kohlenhydrate, die oft als weniger vorteilhaft betrachtet werden:

1. Zucker: Reiner Zucker, insbesondere in Form von zugesetztem Zucker in verarbeiteten Lebensmitteln und Getränken, liefert Kalorien, ohne viele Nährstoffe zu liefern. Ein übermäßiger Konsum von zugesetztem Zucker kann zu Gewichtszunahme, Blutzuckerschwankungen und anderen gesundheitlichen Problemen führen.

2. Weißmehlprodukte: Lebensmittel, die aus weißem Mehl hergestellt werden, wie weißes Brot, Gebäck, Pasta und weiße Reisprodukte, enthalten raffinierte Kohlenhydrate, die schnell verdaut werden und den Blutzuckerspiegel schnell ansteigen lassen können.

3. Verarbeitete Snacks und Süßigkeiten: Chips, Kekse, Kuchen, Süßigkeiten und andere verarbeitete Snacks enthalten oft raffinierte Kohlenhydrate und zugesetzten Zucker, sowie zusätzliche Fette und Salz, was sie zu weniger gesunden Optionen macht.

Es ist wichtig zu beachten, dass Kohlenhydrate nicht grundsätzlich schlecht sind, sondern dass es auf die Art der Kohlenhydrate und die Menge ankommt, die man konsumiert. Vollwertige Kohlenhydratquellen wie Vollkornprodukte, Gemüse, Obst und Hülsenfrüchte können Teil einer ausgewogenen Ernährung sein und wichtige Nährstoffe liefern. Die Schlüssel zum gesunden Kohlenhydratkonsum sind Moderation, Vielfalt und Auswahl von Vollwertkost.

Wieviel Kohlehydrate am Tag bei Low Carb?

Die Menge an Kohlenhydraten, die man pro Tag bei einer Low-Carb-Ernährung konsumiert, kann je nach individuellen Zielen, Stoffwechsel, Aktivitätsniveau und Gesundheitszustand variieren. In der Regel wird bei einer Low-Carb-Diät die Kohlenhydratzufuhr auf etwa 20-100 Gramm pro Tag begrenzt. Einige Menschen können auch von einer moderaten Kohlenhydratreduktion profitieren, die etwa 50-100 Gramm Kohlenhydrate pro Tag umfasst, während andere strengere Grenzen von weniger als 50 Gramm pro Tag einhalten.

Es ist wichtig zu beachten, dass nicht alle Kohlenhydrate gleich sind, und bei einer Low-Carb-Ernährung werden oft die Netto-Kohlenhydrate betrachtet, indem man die Ballaststoffe von den Gesamtkohlenhydraten abzieht. Dies liegt daran, dass Ballaststoffe vom Körper nicht vollständig verdaut werden und daher den Blutzuckerspiegel weniger stark beeinflussen.

Es ist auch wichtig, die Kohlenhydrate aus Vollwertquellen wie Gemüse, Obst und Vollkornprodukten zu beziehen, anstatt aus zuckerhaltigen und verarbeiteten Lebensmitteln. Die genaue Menge an Kohlenhydraten, die für Sie geeignet ist, kann am besten mit einem Ernährungsberater oder Arzt besprochen werden, der Ihre individuellen Bedürfnisse und Ziele berücksichtigen kann.

Schlusswort

Liebe Leserinnen und Leser,

Mit der Entdeckung der Low-Carb-Ernährung haben Sie nicht nur ein Buch in den Händen gehalten, sondern einen Weg zu einem gesünderen Lebensstil gefunden. Durch die Reduzierung von Kohlenhydraten und die Fokussierung auf hochwertige Proteine, gesunde Fette und ballaststoffreiches Gemüse haben Sie nicht nur Ihren Körper, sondern auch Ihren Geist genährt.

Denken Sie daran, dass die Reise zu einem gesunden Lebensstil keine Eintagsfliege ist, sondern eine fortwährende Reise. Jeder Tag bietet neue Gelegenheiten, bewusste Entscheidungen zu treffen, die Ihren Körper stärken und Ihre Gesundheit fördern. Ganz gleich, ob Sie sich für eine langfristige Umstellung Ihrer Ernährungsgewohnheiten entscheiden oder einfach nur gelegentlich Low-Carb-Rezepte in Ihre Mahlzeiten integrieren möchten, seien Sie stolz auf jeden Schritt, den Sie auf diesem Weg machen. Jede Mahlzeit ist eine Gelegenheit, Ihrem Körper Gutes zu tun und ihn mit den Nährstoffen zu versorgen, die er verdient.

Wir wünschen Ihnen viel Freude beim Experimentieren mit den köstlichen Rezepten in diesem Buch und hoffen, dass Sie die Vorteile einer Low-Carb-Ernährung in vollen Zügen genießen können.

Bleiben Sie gesund, glücklich und inspiriert!

Herzlichst,

Michael Parzinger